공부력

Q 왜 공부력을 키워야 할까요?

쓰기력

정확한 의사소통의 기본기이며 논리의 바탕

연필을 잡고 종이에 쓰는 것을 괴로워한다!
맞춤법을 몰라 정확한 쓰기를 못한다!
말은 잘하지만 조리 있게 쓰는 것이 어렵다!
그래서 글쓰기의 기본 규칙을 정확히 알고
써야 공부 능력이 향상됩니다.

어휘력

교과 내용 이해와 독해력의 기본 바탕

어휘를 몰라서 수학 문제를 못 푼다!
어휘를 몰라서 사회, 과학 내용 이해가 안 된다!
어휘를 몰라서 수업 내용을 따라가기 어렵다!
그래서 교과 내용 이해의 기본 바탕을
다지기 위해 어휘 학습을 해야 합니다.

독해력

모든 교과 실력 향상의 기본 바탕

글을 읽었지만 무슨 내용인지 모른다!
글을 읽고 이해하는 데 시간이 오래 걸린다!
읽어서 이해하는 공부 방식을 거부하려고 한다!
그래서 통합적 사고력의 바탕인 독해 공부로
교과 실력 향상의 기본기를 닦아야 합니다.

계산력

초등 수학의 핵심이자 기본 바탕

계산 과정의 실수가 잦다!
계산을 하긴 하는데 시간이 오래 걸린다!
계산은 하는데 계산 개념을 정확히 모른다!
그래서 계산 개념을 익히고 속도와 정확성을
높이기 위한 훈련을 통해 계산력을 키워야 합니다.

세상이 변해도
배움의 즐거움은
변함없도록

시대는 빠르게 변해도
배움의 즐거움은
변함없어야 하기에

어제의 비상은
남다른 교재부터
결이 다른 콘텐츠
전에 없던 교육 플랫폼까지

변함없는 혁신으로
교육 문화 환경의 새로운 전형을
실현해왔습니다.

비상은 오늘, 다시 한번
새로운 교육 문화 환경을 실현하기 위한
또 하나의 혁신을 시작합니다.

오늘의 내가 어제의 나를 초월하고
오늘의 교육이 어제의 교육을 초월하여
배움의 즐거움을 지속하는 혁신,

바로, 메타인지 기반 완전 학습을.

상상을 실현하는 교육 문화 기업 비상

메타인지 기반 완전 학습
초월을 뜻하는 meta와 생각을 뜻하는 인지가 결합한 메타인지는
자신이 알고 모르는 것을 스스로 구분하고 학습계획을 세우도록 하는
궁극의 학습 능력입니다. 비상의 메타인지 기반 완전 학습 시스템은
잠들어 있는 메타인지를 깨워 공부를 100% 내 것으로 만들도록 합니다.

완자

공부력

초등 국어
독해 5A

초등 국어 독해
5A, 5B, 6A, 6B 글감 구성

국어 교과 글감

	5학년 수준				6학년 수준	
말하기	5B	03 바람직한 대화의 방법	문학	6B	01 목걸이 하나로 뒤바뀐 인생
문법	5A	16 잘 쓰자! 신조어		6A	01 우리를 아프게 하는 욕
	5A	10 코르니유 영감의 비밀		6A	02 정리 정돈의 달인 되기
문학	5B	08 약속을 지킨 배추 장수	읽기	6A	06 까마귀는 억울해
	5B	10 홈스, 모자 주인을 추리하다		6A	13 우리 문화재 지킴이, 간송 전형필
	5A	03 스스로를 사랑해요		6A	19 독이 되는 비난, 약이 되는 비판
읽기	5A	13 욕심을 이용하면 사냥도 쉽다			
	5B	16 노극청과 현덕수 이야기			

사회 교과 글감

	5학년 수준				6학년 수준	
	5A	01 5월의 기념일		6A	03 젓가락 삼국지
	5A	05 화장의 역사		6A	17 올바른 국기 게양 방법
	5A	08 옷차림 속 직업 이야기		6B	06 풍요를 부르는 품종 개량
	5A	15 어린이 게임 중독, 문제야	사회·문화	6B	09 미래에 기대되는 직업
사회·문화	5A	19 황금 씨앗을 지켜라		6B	14 한류가 힘이다
	5B	02 말하는 대로		6B	18 다른 게 틀린 건 아니야
	5B	05 까치밥 풍습에 담긴 의미		6B	20 혈액 보유량 부족, 어떻게 해결할까
	5B	17 1인 미디어 전성시대	경제	6B	08 쇼핑, 어디까지 진화할까
	5B	18 1대 29대 300의 법칙		6B	13 아름다운 거래, 공정 무역
경제	5B	13 일코노미를 아시나요	생활	6B	04 언제까지 먹을 수 있나요
법	5B	15 저작권 침해, 범죄일까		6A	10 꽃처럼 아름다운 담, 꽃담
	5A	11 나라를 구한 백성들	역사	6B	11 농사와 관련된 명절
역사	5A	14 임금님은 일식이 걱정이야		6B	15 암호를 풀어라
	5B	19 임진왜란 때문에 바뀌었어	정치	6A	12 다수결의 함정
	5B	07 도로명 주소의 비밀	지리	6A	14 아프리카의 이상한 국경선
지리	5B	11 어서 와, 경주는 처음이지		6A	04 골칫거리가 된 플라스틱
			환경	6A	09 작아서 더 무서운 미세 먼지
				6A	20 쓰레기도 다시 보자, 업사이클링
				6B	19 생태 발자국 줄이기

과학 교과 글감			5학년 수준				6학년 수준
물리	5A	**17** 빛의 세계		기술	6A	**07** 디지털 기술로 문화재를 지키다
	5B	**12** 터져야 제맛, 팝콘			6B	**12** 웨어러블 디바이스
생물	5A	**02** 몸과 마음이 자라는 사춘기			6B	**16** 의공학, 어디까지 발전할까
	5A	**04** 상상력 다이어트		물리	6A	**15** 에너지가 변신해요
	5A	**12** 동물들이 집단을 이루는 이유			6A	**18** 듣기 좋은 소음도 있다고요
	5A	**20** 왜 멸종했을까		보건	6B	**05** 우울증 극복 방안
	5B	**01** 나는 똥이야		생물	6A	**05** 지방, 너무 미워하지 마세요
	5B	**06** 우리 몸속 세균 이야기			6A	**11** 시력의 모든 것
	5B	**09** 바다의 뛰어난 잠수부, 향유고래			6B	**02** 미생물이 만드는 음식
지구과학	5A	**09** 화산이 분출한다			6B	**07** 단맛, 쓴맛의 비밀
	5A	**18** 밤하늘의 보석, 별자리		지구과학	6A	**08** 슈퍼 문의 신비
	5B	**14** 구름은 일기 예보관		화학	6B	**03** 과자 봉지, 왜 빵빵할까
화학	5A	**06** 소금과 설탕이 궁금해			6B	**17** 향신료의 특징과 효능

수학 교과 글감			5학년 수준				6학년 수준
단위	5B	**20** 미터법의 탄생		수	6A	**16** 숨어 있는 수학을 찾아라

예체능 교과 글감			5학년 수준				6학년 수준
미술	5A	**07** 신기한 입체 그림		미술	6B	**10** 세계 건축물 탐방
체육	5B	**04** 달리기와 수영의 효과				

특징과 활용법

하루 4쪽 공부하기

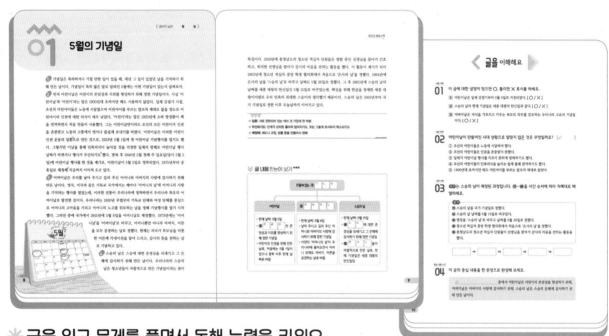

✳ 글을 읽고 문제를 풀면서 독해 능력을 키워요.

✳ [글 내용 한눈에 보기]를 통해 글의 구조를
파악하는 능력을 길러요.

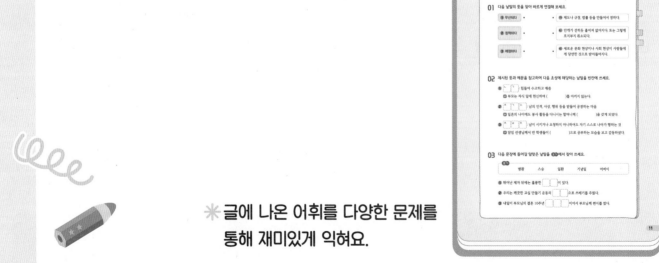

✳ 글에 나온 어휘를 다양한 문제를
통해 재미있게 익혀요.

- ✅ 책으로 하루 4쪽 공부하며, 초등 독해력을 키워요!
- ✅ 모바일앱으로 공부한 내용을 복습하고 몬스터를 잡아요!

공부한 내용 확인하기

모바일앱으로 복습하기

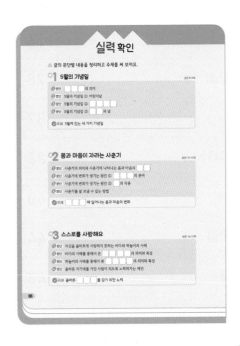

앱 다운받기 　　 책 인증하기

✳ 20일 동안 공부한 내용을 정리 💡 해 보며 자기의 실력을 확인해요.

✳ 그날 배운 내용을 바로바로, 또는 주말에 모아서 복습하고, 다이아몬드 획득까지! 💎 공부가 저절로 즐거워져요!

차례

일차	과목	영역	제목	쪽수	공부 확인
01	사회	사회·문화	5월의 기념일	8	○
02	과학	생물	몸과 마음이 자라는 사춘기	12	○
03	국어	읽기	스스로를 사랑해요	16	○
04	과학	생물	상상력 다이어트	20	○
05	사회	사회·문화	화장의 역사	24	○
06	과학	화학	소금과 설탕이 궁금해	28	○
07	예체능	미술	신기한 입체 그림	32	○
08	사회	사회·문화	옷차림 속 직업 이야기	36	○
09	과학	지구과학	화산이 분출한다	40	○
10	국어	문학	코르니유 영감의 비밀	44	○
11	사회	역사	나라를 구한 백성들	48	○
12	과학	생물	동물들이 집단을 이루는 이유	52	○
13	국어	읽기	욕심을 이용하면 사냥도 쉽다	56	○
14	사회	역사	임금님은 일식이 걱정이야	60	○
15	사회	사회·문화	어린이 게임 중독, 문제야	64	○
16	국어	문법	잘 쓰자! 신조어	68	○
17	과학	물리	빛의 세계	72	○
18	과학	지구과학	밤하늘의 보석, 별자리	76	○
19	사회	사회·문화	황금 씨앗을 지켜라	80	○
20	과학	생물	왜 멸종했을까	84	○
	실력 확인			88	○

우리도 하루 4쪽 공부 습관!
스스로 공부하는 힘을
키워 볼까요?

큰 습관이
지금은 그 친구를 이끌고 있어요.
매일매일의 좋은 습관은 우리를 좋은
곳으로 이끌어 줄 거예요.

한 친구가
작은 습관을 만들었어요.

매일매일의 시간이 흘러
작은 습관은 큰 습관이 되었어요.

01 5월의 기념일

① 기념일은 축하하거나 기릴 만한 일이 있을 때, 매년 그 일이 있었던 날을 기억하기 위해 만든 날이다. 기념일이 특히 많은 달로 알려진 5월에는 어떤 기념일이 있는지 살펴보자.

② 먼저 어린이날은 어린이의 존엄성과 지위를 향상하기 위해 정한 기념일이다. 사실 '어린이날'과 '어린이'라는 말은 1900년대 초까지만 해도 사용하지 않았다. 일제 강점기 시절, 조선의 어린아이들은 노동에 시달렸으며 어린아이를 부르는 말조차 제대로 없을 정도로 어린아이의 인권에 대한 의식이 매우 낮았다. '어린이'라는 말은 1920년에 소파 방정환이 책을 번역하면서 처음 만들어 사용했다. 그는 어린이날만이라도 조선의 모든 어린이가 인권을 존중받고 노동의 고통에서 벗어나 즐겁게 보내기를 바랐다. 어린이날은 이러한 어린이 인권 운동의 일환으로 만든 것으로, 1923년 5월 1일에 첫 어린이날 기념행사를 열기도 했다. 그렇지만 이날을 통해 민족의식이 높아질 것을 걱정한 일제의 방해로 어린이날 행사 날짜가 바뀌거나 행사가 무산되기도 했다. 광복 후 1946년 5월 첫째 주 일요일(당시 5월 5일)에 어린이날 행사를 한 것을 계기로, 어린이날이 5월 5일로 정착되었다. 1975년부터 공휴일로 제정해 지금까지 이어져 오고 있다.

③ 어버이날은 우리를 낳아 주시고 길러 주신 어머니와 아버지의 사랑에 감사하기 위해 만든 날이다. 영국, 미국과 같은 기독교 국가에서는 해마다 '어머니의 날'에 어머니의 사랑을 기억하는 행사를 열었는데, 이러한 전통이 우리나라에 정착하면서 우리나라 특유의 어버이날로 발전한 것이다. 우리나라는 1930년 무렵부터 기독교 단체와 여성 단체를 중심으로 어머니의 고마움을 기리고 어머니의 노고를 위로하는 날을 정해 기념행사를 열기 시작했다. 그러던 중에 국가에서 1955년에 5월 8일을 어머니날로 제정했다. 1973년에는 '어머니날'을 '어버이날'로 바꾸고, 어머니뿐만 아니라 아버지, 어른을 모두 공경하는 날로 정했다. 현재는 자녀가 부모님을 비롯한 어른께 카네이션을 달아 드리고, 감사의 뜻을 전하는 날로 기념하고 있다.

④ 스승의 날은 스승에 대한 존경심을 되새기고 그 은혜에 감사하기 위해 만든 날이다. 우리나라의 스승의 날은 청소년들이 자발적으로 만든 기념일이라는 점이

특징이다. 1958년에 충청남도의 청소년 적십자 단원들은 병환 중인 선생님을 찾아가 간호하고, 퇴직한 선생님을 찾아가 감사의 마음을 전하는 활동을 했다. 이 활동이 계기가 되어 1963년에 청소년 적십자 중앙 학생 협의회에서 처음으로 '은사의 날'을 정했다. 1964년에 은사의 날을 '스승의 날'로 바꾸고 날짜도 5월 26일로 정했다. 그 후 1965년에 스승의 날의 날짜를 세종 대왕의 탄신일인 5월 15일로 바꾸었는데, 백성을 위해 한글을 창제한 세종 대왕이야말로 우리 민족의 위대한 스승이라 생각했기 때문이다. 스승의 날은 1982년부터 국가 기념일로 정한 이후 오늘날까지 이어지고 있다.

◆ **일환:** 서로 관련되어 있는 여러 것 가운데 한 부분
◆ **무산되기도:** 안개가 걷히듯 흩어져 없어지기도. 또는 그렇게 흐지부지 취소되기도
◆ **제정해:** 제도나 규정, 법률 등을 만들어서 정해

글 내용 한눈에 보기 •••

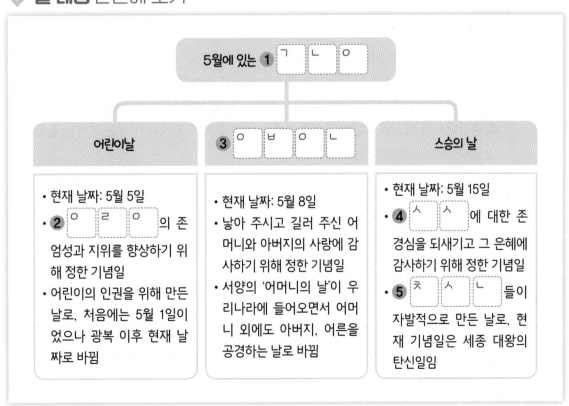

내용 이해

01 이 글에 대한 설명이 맞으면 ○, 틀리면 ✕ 표시를 하세요.

1 어린이날은 일제 강점기부터 5월 5일로 지정되었다. [○ / ✕]

2 스승의 날의 현재 기념일은 세종 대왕의 탄신일과 같다. [○ / ✕]

3 어버이날은 자식을 가르치고 키우는 부모의 의무를 강조하는 우리나라 고유의 기념일이다. [○ / ✕]

내용 추론

02 어린이날이 만들어진 시대 상황으로 알맞지 <u>않은</u> 것은 무엇일까요? [✎   ]

① 조선의 어린이들은 노동에 시달려야 했다.
② 조선의 어린이들은 인권을 존중받지 못했다.
③ 일제가 어린이날 행사를 치르지 못하게 방해하기도 했다.
④ 조선의 어린이들이 민족의식을 높이는 일에 몰래 참여하기도 했다.
⑤ 1900년대 초까지만 해도 어린아이를 부르는 말조차 제대로 없었다.

내용 이해

03 보기는 스승의 날이 제정된 과정입니다. ㄱ~ㅁ을 시간 순서에 따라 차례대로 배열하세요.

> **보기**
> ㄱ 스승의 날을 국가 기념일로 정했다.
> ㄴ 스승의 날 날짜를 5월 15일로 바꾸었다.
> ㄷ 명칭을 '스승의 날'로 바꾸고 날짜를 5월 26일로 정했다.
> ㄹ 청소년 적십자 중앙 학생 협의회에서 처음으로 '은사의 날'을 정했다.
> ㅁ 충청남도의 청소년 적십자 단원들이 선생님을 찾아가 감사의 마음을 전하는 활동을 했다.

☐ ➡ ☐ ➡ ☐ ➡ ☐ ➡ ☐

중심 내용 쓰기

04 이 글의 중심 내용을 한 문장으로 완성해 보세요.

> ✎ _____ 중에서 어린이날은 어린이의 존엄성을 향상하기 위해, 어버이날은 어버이의 사랑에 감사하기 위해, 스승의 날은 스승의 은혜에 감사하기 위해 만든 날이다.

어휘를 익혀요

01 다음 낱말의 뜻을 찾아 바르게 연결해 보세요.

1 무산되다 •

2 정착하다 •

3 제정하다 •

• ㄱ 제도나 규정, 법률 등을 만들어서 정하다.

• ㄴ 안개가 걷히듯 흩어져 없어지다. 또는 그렇게 흐지부지 취소되다.

• ㄷ 새로운 문화 현상이나 사회 현상이 사람들에게 당연한 것으로 받아들여지다.

02 제시된 뜻과 예문을 참고하여 다음 초성에 해당하는 낱말을 빈칸에 쓰세요.

1 ㄴㄱ : 힘들여 수고하고 애씀

예 부모는 자식 일에 헌신하며 (   )를 아끼지 않는다.

2 ㅈㄱㅅ : 남의 인격, 사상, 행위 등을 받들어 공경하는 마음

예 일흔의 나이에도 봉사 활동을 다니시는 할머니께 (   )을 갖게 되었다.

3 ㅈㅂㅈ : 남이 시키거나 요청하지 아니하여도 자기 스스로 나아가 행하는 것

예 담임 선생님께서 반 학생들이 (   )으로 공부하는 모습을 보고 감동하셨다.

03 다음 문장에 들어갈 알맞은 낱말을 보기에서 찾아 쓰세요.

보기

병환   스승   일환   기념일   어버이

1 뛰어난 제자 뒤에는 훌륭한 ☐☐이 있다.

2 우리는 깨끗한 교실 만들기 운동의 ☐☐으로 쓰레기를 주웠다.

3 내일이 부모님의 결혼 10주년 ☐☐☐이어서 부모님께 편지를 썼다.

11

02 몸과 마음이 자라는 사춘기

발표 주제
사춘기

① 안녕하세요? 저는 '사춘기'를 주제로 발표할 김서우입니다. 사춘기는 몸과 마음이 급격하게 성장하는 시기를 말합니다. 혹시 키가 부쩍 컸거나 목소리가 전과 달리 굵어졌거나 여드름이 생긴 친구가 있나요? 그렇다면 사춘기가 온 것입니다. 사춘기에 들어서면 외모에 관심이 많아지고, 감수성이 예민해지면서 변덕도 심해집니다. 이유 없는 반항심이 생겨 부모님과 별것 아닌 일로 부딪치기도 하죠. 이게 모두 우리가 아이에서 어른으로 성장하는 과도기에 있기 때문입니다. 몸과 마음이 완전히 발달하지 않은 상태라 불안정할 수밖에 없는 거죠.

② 사춘기에 여러 변화가 생기는 근본적인 원인은 호르몬 때문입니다. 호르몬은 우리 몸에 신호를 보내는 특정 화학 물질을 말합니다. 성호르몬은 사춘기를 전후로 몸속에 빠르게 분비가 돼요. 남자는 테스토스테론이라는 성호르몬이, 여자는 에스트로겐과 프로게스테론이라는 성호르몬이 특히 많이 분비된다고 해요. 이렇게 남자와 여자는 서로 다른 성호르몬이 분비되어 각각 남성과 여성의 신체적 특징을 갖추기 시작한답니다. 반대로 적게 분비되는 호르몬도 있어요. 감정의 기복을 조절해 주는 세로토닌이라는 신경 전달 물질인데요. 아이나 어른에 비해 적게 나와 감정 조절이 잘 안 된답니다. 기분이 좋았다가도 급격히 나빠지는 변덕스러운 감정 변화는 바로 이 세로토닌의 영향 때문이라 할 수 있어요.

③ 사춘기에 일어나는 변화는 뇌의 작용과도 관련이 있어요. 사춘기에는 사고와 판단을 담당하는 이성의 뇌는 아직 자라고 있는 반면, 감정의 뇌는 거의 완성되어서 활발하게 움직인다고 해요. 그래서 사춘기에 접어들면 이성보다는 느낌이나 직감 같은 감정에 의존하여 상황에 대처하게 된답니다. 그리고 어떤 행동을 할 때 그 행동이 나에게 얼마나 유익한 결과를 가져올지를 따지기보다 그 행동으로 인해 지금 당장 내 기분이 좋은지 재미있는지를 따집니다. 사춘기 때 충동적이고 위험한 일을 하고 싶은 것은 이러한 뇌의 영향 때문이죠.

④ 지금부터 사춘기를 잘 보낼 수 있는 방법을 알려 드릴게요. 가능한 한 모든 것을 긍정적으로 생각하면서 활기차게 생활하는 것이 중요합니다. 먼저 자신의 장점이나 자신이 겪

고 있는 상황의 좋은 점을 자꾸 떠올려 보세요. 그리고 스트레스가 생기면 자신에게 맞는 취미 활동을 하며 잘 풀도록 해요. 마지막으로 마음이 힘들다고 느껴지면 부모님이나 선생님, 친구에게 고민을 터놓고 대화해 보세요. 답답했던 마음이 풀릴 거예요. 무엇보다 사춘기를 겪으며 어른이 되는 과정에서 일어나는 변화를 자연스럽게 받아들인다면 우리 모두 몸도 마음도 성숙한 어른이 될 수 있을 거예요. 그럼 발표를 마치겠습니다. 감사합니다.

◆ **과도기**: 한 상태에서 다른 새로운 상태로 옮아가거나 바뀌어 가는 도중의 시기
◆ **분비**: 세포가 몸에 필요한 액체 상태의 물질을 만들어 몸 안이나 몸 밖으로 내보내는 일
◆ **기복**: 일이나 상태 따위가 좋았다 나빴다 혹은 성하였다 쇠하였다 함
◆ **충동적**: 마음속에서 어떤 욕구 같은 것이 갑작스럽게 일어나는 것

❯❯ 글 내용 한눈에 보기 •••

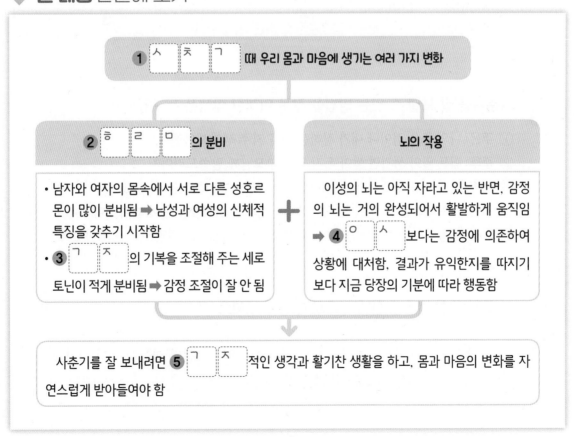

❶ [ㅅ][ㅊ][ㄱ] 때 우리 몸과 마음에 생기는 여러 가지 변화

❷ [ㅎ][ㄹ][ㅁ]의 분비

- 남자와 여자의 몸속에서 서로 다른 성호르몬이 많이 분비됨 ➡ 남성과 여성의 신체적 특징을 갖추기 시작함
- ❸ [ㄱ][ㅈ]의 기복을 조절해 주는 세로토닌이 적게 분비됨 ➡ 감정 조절이 잘 안 됨

뇌의 작용

이성의 뇌는 아직 자라고 있는 반면, 감정의 뇌는 거의 완성되어서 활발하게 움직임 ➡ ❹ [ㅇ][ㅅ]보다는 감정에 의존하여 상황에 대처함. 결과가 유익한지를 따지기보다 지금 당장의 기분에 따라 행동함

사춘기를 잘 보내려면 ❺ [ㄱ][ㅈ]적인 생각과 활기찬 생활을 하고, 몸과 마음의 변화를 자연스럽게 받아들여야 함

내용 이해

01 이 글에 대한 설명으로 알맞은 것을 골라 보세요.

1 사춘기에는 [이성 / 감정]의 뇌가 거의 다 자란다.

2 사춘기 때 [남자 / 여자]의 몸에는 테스토스테론이라는 성호르몬이 많이 분비된다.

3 사춘기에는 아이였을 때보다 감정 변화를 조절해 주는 신경 전달 물질이 [적게 / 많이] 나온다.

내용 이해

02 다음은 사춘기에 들어서면서 생긴 변화를 나타낸 그림입니다. 빈칸에 들어갈 알맞은 말을 찾아 쓰세요.

급격히 **1** ☐ 가 큼

2 ☐☐ 에 관심이 많아짐

이유 없는 **3** ☐☐ ☐ 이 생김

내용 비판

03 사춘기를 잘 보낼 수 있는 방법을 <u>잘못</u> 이해한 학생은 누구일까요? [✎   ]

① 주은: 나의 좋은 점이나 내가 잘하는 것을 자주 생각해야겠어.
② 준후: 힘든 일이 생기면 쌓아 두지 말고 부모님께 말씀드려야지.
③ 세빈: 몸과 마음에 일어나는 변화를 자연스럽게 받아들이는 게 좋겠어.
④ 시안: 스트레스를 풀 수 있는 건강하고 긍정적인 취미를 만들어 봐야겠어.
⑤ 유찬: 충동적으로 행동하는 것이 당연하므로 위험해도 재미있는 일을 해야겠어.

중심 내용 쓰기

04 이 글의 중심 내용을 한 문장으로 완성해 보세요.

사춘기에는 호르몬의 분비와 뇌의 작용으로 우리의 몸과 마음에 여러 가지 변화가 나타나는데, 이러한 변화를 자연스럽게 받아들인다면 ✎_____ 이 될 수 있을 것이다.

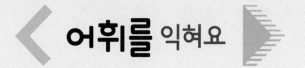
01 다음 낱말에 대한 설명이 맞으면 ○, 틀리면 ✕ 표시를 하세요.

❶ '분비'는 우리 몸에 신호를 보내는 특정 화학 물질을 뜻한다. [○ / ✕]

❷ '기복'은 일이나 상태 따위가 좋았다 나빴다 혹은 성하였다 쇠하였다 함을 뜻한다.

[○ / ✕]

❸ '과도기'는 한 상태에서 다른 새로운 상태로 완전히 옮아가 바뀐 이후의 시기를 뜻한다.

[○ / ✕]

02 제시된 뜻과 예문을 참고하여 다음 초성에 해당하는 낱말을 빈칸에 쓰세요.

❶ ㅅ ㅊ ㄱ : 육체적 · 정신적으로 어른이 되어 가는 시기

예 형은 (   )에 접어들면서 목소리가 굵어졌다.

❷ ㅂ ㅎ ㅅ : 다른 사람이나 대상에 맞서 대들거나 반대하는 마음

예 요새 엄마의 잔소리가 길어질수록 부쩍 (   )이 생긴다.

❸ ㅊ ㄷ ㅈ : 마음속에서 어떤 욕구 같은 것이 갑작스럽게 일어나는 것

예 흥분할수록 (   )으로 행동하게 되므로 차분히 생각부터 해야 한다.

03 보기 에서 알맞은 낱말을 골라 다음 문장을 바르게 완성하세요.

보기

감성   이성   조절   유익하다   의존하다

❶ 할아버지께서는 단것을 좋아하셔서 체중 [   ]이 어렵다고 하셨다.

❷ 나는 주로 감정에 따라 행동하는 반면 오빠는 [   ]에 근거하여 행동한다.

❸ 친구와 잘 지내는 것은 좋지만 친구에게 지나치게 [   ]하는 것은 바람직하지 않다.

15

03 스스로를 사랑해요

① 오늘 학교에서 모둠별로 조사한 내용을 발표하는 시간이 있었다. 바다와 하늘이는 각각 자신이 속한 모둠의 발표자로서 열심히 발표했지만, 다른 모둠이 일 등을 차지했다. 발표 결과를 보고 바다는 울적한 표정으로 모둠 친구들에게 말했다. "내가 발표만 잘했어도 일 등을 했을 텐데……. 내가 하는 일이 다 그렇지 뭐……. 난 정말 한심해." 반면, 하늘이는 모둠 친구들에게 화를 내며 말했다. "오늘 나보다 발표 잘한 사람 봤니? 너희가 자료 조사를 더 열심히 했으면 일 등을 할 수 있었다고. 다음부터는 나 혼자 하는 게 낫겠어!"

② 바다는 스스로를 낮추어 보거나 하찮게 여기는 '자기 비하'에 빠져 있다. 바다는 우울한 표정으로 자신이 한심하다고 말했지만, 그 말속에는 다른 사람에게 동정과 위로, 격려를 받고 싶은 마음이 숨어 있다. 다른 사람이 자신의 말에 그렇지 않다고 하며 관심을 기울여 주면, 상처받은 마음이 치유되어 자신감이 회복되는 느낌이 들기 때문이다. 하지만 언제나 관심을 주어야 하는 사람과의 만남은 주변 사람을 감정적으로 쉽게 지치게 만든다. 또 함께 있으면 부정적인 감정이 전

염되어 좋던 기분도 나빠지게 된다. 결과적으로 주변 사람들은 자기 비하에 빠진 사람을 점점 멀리하고, 자기 비하에 빠진 사람은 '역시 사람들은 날 싫어해.'라고 생각하며 더 깊은 자기 비하에 빠지는 악순환이 일어난다.

③ 반면 하늘이는 자기 자신이 뛰어나다고 믿거나 자기중심적으로 생각하는 '자기도취'에 빠져 있다. 하늘이는 발표에서 일 등을 하지 못하자 다른 사람에게 잘못을 돌렸다. 자기 자신은 과대평가하는 반면 다른 사람은 과소평가하는 것이다. 자기도취에 빠진 사람은 늘 다른 사람과 자신을 비교하며 자기보다 잘된 사람은 시기하고, 자기보다 못한 사람은 무시한다. 그리고 자신이 가진 것을 과

장하고, 허풍을 떨며 다른 사람의 인정을 받으려고 한다. 그래서 자기도취가 지나치면 깊은 인간관계를 유지하기 어렵다.

④ 바다와 하늘이의 공통점은 올바른 자기애가 결핍되어 있다는 것이다. 올바른 자기애는 자신을 있는 그대로 사랑하는 마음을 뜻한다. 스스로를 사랑하면 다른 사람에게 위로받

을 필요도 없고, 최고로 인정받지 못했다고 분노할 일도 없다. 자기 자신이 충분히 가치 있다고 여기기 때문에 다른 사람의 평가에 연연하지 않는다. 또한 스스로에게 이미 만족하고 있기에 자기를 과시할 필요를 느끼지 못하고, 자기보다 못한 사람을 만나더라도 그 사람 나름대로의 가치를 인정하게 된다. '나는 나대로 괜찮다.'라는 믿음이 쌓이면 자신은 물론 다른 사람에게도 너그러워질 수 있는 것이다. 이렇게 ㉠올바른 자기애가 충만한 사람은 만나는 것 자체로 즐거워진다. 내가 그런 사람이 되도록 노력해 보는 것은 어떨까?

◆ **치유되어**: 치료되어 병이 나아
◆ **악순환**: 나쁜 현상이 끊임없이 되풀이됨
◆ **시기하고**: 남이 잘되는 것을 샘하여 미워하고
◆ **결핍되어**: 있어야 할 것이 없어지거나 모자라

≫ 글 내용 한눈에 보기 •••

자기 **①** ㅂ ㅎ	자기도취
• 스스로를 낮추어 보거나 하찮게 여기는 마음 • 다른 사람에게 동정과 **②** ㅇ ㄹ, 격려를 받고 싶어 하며, 주변 사람을 감정적으로 지치게 함	• 자기 자신이 뛰어나다고 믿거나 자기중심적으로 생각하는 마음 • 다른 사람과 자신을 **③** ㅂ ㄱ 하며, 자신이 가진 것을 과장하고 허풍을 떪

올바른 ④ ㅈ ㄱ ㅇ

• 자신을 있는 그대로 **⑤** ㅅ ㄹ 하는 마음
• 자기 자신이 충분히 가치 있다고 여기며 스스로에게 만족하므로 자신과 타인 모두에게 너그러움

글을 이해해요

내용 이해
01 이 글에 대한 설명이 맞으면 ◯, 틀리면 ✕ 표시를 하세요.

1 자기 비하가 심한 사람은 자신이 가진 것을 부풀리고 허풍을 떤다. [◯ / ✕]

2 올바른 자기애가 가득한 사람은 다른 사람의 평가에 연연하지 않는다. [◯ / ✕]

3 자기도취에 빠진 사람은 자기보다 잘된 사람을 미워하고 자기보다 못한 사람을 함부로 대한다. [◯ / ✕]

내용 추론
02 바다와 하늘이에게 해 줄 수 있는 말로 알맞지 <u>않은</u> 것은 무엇일까요? [✎   ]

① 　바다에게　 계속해서 친구의 관심과 격려를 받을 수는 없어.
② 　바다에게　 너의 부정적인 감정이 주변 친구에게 전염될 수 있어.
③ 　바다에게　 친구들이 감정적으로 지치게 되면 너와 멀어질 수 있어.
④ 　하늘이에게　 그렇게 친구를 무시하면 좋은 사이를 유지하기 어려워져.
⑤ 　하늘이에게　 스스로 만족하고 있다면 친구들에게 실력을 과시할 필요가 있어.

내용 비판
03 보기의 친구에게 ㉠이 할 말로 알맞은 것을 모두 고르세요(2개). [✎   ]

> **보기**
> 학교 대표로 전국 토론 대회에 나갔는데 상을 타지 못해 속상해하는 친구

① 나는 학교 대표로도 못 뽑혔는데…….
② 전국 대회에 나간 것도 정말 대단한 일이야.
③ 심사 위원이 네 실력을 제대로 평가한 거야. 넌 딱 그 정도야.
④ 네가 하는 일이 그렇지 뭐. 다음부터는 나서지 않는 게 좋을 거야.
⑤ 최선을 다했으니 그것으로도 충분히 가치 있는 경험이 되었을 거야.

중심 내용 쓰기
04 이 글의 중심 내용을 한 문장으로 완성해 보세요.

> 지나친 자기 비하나 자기도취는 독이 될 수 있으므로, '나는 나대로 괜찮다.'라는 믿음을 가지고 자신을 있는 그대로 사랑하는   .

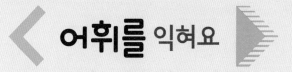
01 다음 낱말의 뜻을 찾아 바르게 연결해 보세요.

1 과장하다 •

2 결핍되다 •

3 시기하다 •

• ㄱ 남이 잘되는 것을 샘하여 미워하다.

• ㄴ 사실보다 지나치게 불려서 나타내다.

• ㄷ 있어야 할 것이 없어지거나 모자라다.

02 다음 문장의 괄호 안에 들어갈 알맞은 낱말을 골라 보세요.

1 경기 한 번 진 걸로 자기 자신을 [비교 / 비하]할 필요는 없다.

2 푸른 숲을 보니 상처받은 마음이 [소유되는 / 치유되는] 기분이 들었다.

3 나의 피아노 실력을 무대 위에서 [과시하기 / 무시하기] 위해 연습을 계속했다.

03 제시된 뜻과 예문을 참고하여 다음 초성에 해당하는 낱말을 빈칸에 쓰세요.

1 ㅇ ㅅ ㅎ : 나쁜 현상이 끊임없이 되풀이됨

예 지구 온난화로 더욱 무더워진 여름에 냉방기 사용이 늘어나면서 온난화가 더욱 심해지는 (   )이 반복된다.

2 ㅎ ㅍ : 실제보다 지나치게 부풀려 믿음성이 없는 말이나 행동

예 은수는 친구들 앞에서 자기는 비싼 옷이 아니면 입지 않는다고 (   )을 떨었다.

3 ㅈ ㄱ ㅇ : 자기의 가치를 높이려는 마음에서 생기는, 자기에 대한 사랑

예 있는 그대로의 나를 받아들이고 올바른 (   )가 충만한 사람이 되자.

상상력 다이어트

① 다이어트를 할 때 먹고 싶은 음식을 떠올리는 것은 다이어트에 어떤 영향을 미칠까? 다이어트를 하는 대다수의 사람들은 음식을 먹는 것을 참을 뿐 아니라 그 음식을 먹는 상상조차도 참아야 식욕을 억제할 수 있고, 다이어트에도 성공할 수 있다고 생각한다. 그런데 이 생각이 실제와는 다르다고 한다. 왜 그럴까?

② 한 연구진은 음식을 먹는 상상이 다이어트에 어떤 영향을 미치는지를 알아보기 위한 실험을 하였다. 먼저 실험 참가자를 세 집단으로 나누었다. 이어 일정 시간 동안 첫 번째 집단은 초콜릿 30개를 먹는 상상을, 두 번째 집단은 초콜릿 3개를 먹는 상상을 하도록 하였다. 그리고 세 번째 집단은 음식과 전혀 상관없는 것을 상상하도록 하였다. 이후 연구진은 각각 다른 상상을 끝낸 세 집단의 실험 참가자들에게 초콜릿을 잔뜩 주고, 원하는 만큼 초콜릿을 먹으라고 하였다. 과연 세 집단 중 어느 집단이 초콜릿을 가장 적게 먹었을까? 실험 결과, ㉠초콜릿 30개

를 먹는 상상을 한 첫 번째 집단이 두 번째와 세 번째 집단에 비해 초콜릿을 적게 먹었다. 이는 사람들의 예상과는 전혀 다른 결과였다. 결국 이 실험은 자주 반복해서 음식을 먹는 상상을 하면 실제로는 그 음식이 앞에 있을 때 오히려 덜 먹는다는 것을 보여 주는 결과인 것이다.

③ 그렇다면 상상만 했을 뿐인데 왜 음식을 덜 먹게 된 것일까? 그것은 어떤 자극을 반복적으로 제시하여 많이 경험할수록 점점 더 그 자극에 익숙해져서 자극에 대한 반응이 약해지는 '습관화' 현상이 일어났기 때문이다. 이러한 습관화 현상은 우리의 일상생활 속에서도 많이 찾아볼 수 있다. 예를 들어 짜거나 쓴 음식을 계속 먹을 경우 처음 먹었을 때보다 짠맛이나 쓴맛이 잘 느껴지지 않는 것, 까슬까슬한 옷을 입었을 때 옷감이 피부에 닿는 느낌이 처음에 비해 둔감해지는 것도 습관화 현상으로 볼 수 있다.

④ 상상하는 것만으로도 습관화 현상이 일어나게 하려면 음식을 먹는 상상을 아주 구체적이고 세밀하게 반복하는 훈련을 하는 것이 좋다. 이때 구체적인 감각을 떠올리며 상상하

는 것이 중요하다. 다시 말해 시각, 후각, 청각, 미각, 촉각과 같은 인간의 모든 감각을 동원하여 음식의 크기나 색깔, 음식에서 나는 냄새, 음식을 씹었을 때 나는 소리, 음식을 먹었을 때의 촉감과 맛을 떠올려 보는 것이다.

5 상상력 다이어트라니, 정말 신기하지 않은가? 다이어트를 할 때 먹고 싶은 음식을 마음껏 상상하면 오히려 허기를 잠재울 수 있다. 상상이 여러분의 다이어트에 도움을 줄 것이다.

◆ **둔감해지는:** 감정이나 감각이 무디어지는
◆ **동원하여:** 어떤 목적을 달성하고자 사람을 모으거나 물건, 수단, 방법 등을 집중하여

≫ 글 내용 한눈에 보기 •••

실험 목적	음식을 먹는 상상이 **1** `ㄷ ㅇ ㅇ ㅌ` 에 어떤 영향을 미치는지 알아보기 위함

실험 과정	1. 실험 참가자를 세 집단으로 나누어 각각 다른 상상을 하게 함

	첫 번째 집단: 초콜릿 30개를 먹는 상상	두 번째 집단: 초콜릿 3개를 먹는 상상	세 번째 집단: **2** `ㅇ ㅅ`과 상관없는 상상

2. 상상을 끝낸 참가자들에게 초콜릿을 원하는 만큼 먹도록 함

실험 결과	첫 번째 집단이 다른 두 집단에 비해 **3** `ㅊ ㅋ ㄹ`을 적게 먹음

이유	어떤 **4** `ㅈ ㄱ`을 많이 경험할수록 점점 더 그 자극에 익숙해져서 자극에 대한 **5** `ㅂ ㅇ`이 약해지는 '습관화' 현상이 일어났기 때문

글을 이해해요

01 이 글에서 다이어트에 도움이 된다고 한 상상 방법을 모두 고르세요(2개).

[✎   ]

① 음식과 상관없는 것들을 상상한다.
② 음식을 적게 먹는 상황을 상상한다.
③ 음식을 먹는 것을 반복하여 상상한다.
④ 좋아하는 음식과 함께 싫어하는 음식을 상상한다.
⑤ 음식을 먹을 때의 구체적인 감각을 떠올리며 상상한다.

02 보기와 같은 현상을 무엇이라고 하는지 이 글에서 찾아 쓰세요. [✎   ]

> **보기**
>
> 푸름이가 늘 지나다니는 길에는 큰 진돗개를 키우는 집이 있다. 처음 진돗개를 보았을 때 푸름이는 너무 무서워서 그 집을 빨리 지나치려 했다. 그런데 매일 진돗개와 마주치다 보니 요즘에는 그 개를 보아도 무서움을 느끼지 않게 되었다.

03 ㄱ과 같이 첫 번째 집단이 초콜릿을 적게 먹은 까닭은 무엇일까요? [✎   ]

① 원래 초콜릿을 좋아하지 않기 때문에
② 먹고 싶은 마음을 참는 상상을 했기 때문에
③ 상상을 하며 다이어트에 대한 의지가 강해졌기 때문에
④ 자극에 익숙해져서 초콜릿에 대한 반응이 약해졌기 때문에
⑤ 두 번째 집단과 세 번째 집단에 초콜릿을 양보해야 했기 때문에

04 이 글의 중심 내용을 한 문장으로 완성해 보세요.

> 상상을 하는 것만으로도 습관화 현상이 일어날 수 있으므로, 먹고 싶은 음식을 마음껏 상상하는 것이 ✎＿＿＿＿＿＿＿＿＿＿이다.

어휘를 익혀요

정답과 해설 13쪽

01 다음 낱말의 뜻을 찾아 바르게 연결해 보세요.

1 동원하다 •

2 세밀하다 •

3 억제하다 •

• **ㄱ** 자세하고 꼼꼼하다.

• **ㄴ** 감정이나 욕망, 충동 등을 내리눌러서 그치게 하다.

• **ㄷ** 어떤 목적을 달성하고자 사람을 모으거나 물건, 수단, 방법 등을 집중하다.

02 다음 낱말에 대한 설명이 맞으면 ○, 틀리면 ✕ 표시를 하세요.

1 '둔감'은 감정이나 감각이 예리함을 뜻한다. [○ / ✕]

2 '청각'은 눈으로 보고 느끼는 감각을 뜻하며, '후각'은 맛을 느끼는 감각을 뜻한다.

[○ / ✕]

3 '습관'은 어떤 행동을 오랫동안 되풀이하는 과정에서 저절로 익혀진 행동의 방식을 뜻한다.

[○ / ✕]

03 다음 문장에 들어갈 알맞은 낱말을 **보기** 에서 찾아 쓰세요.

> **보기**
>
> 식욕   자극   허기   구체적   상상력

1 점심에 죽을 먹었더니 금방 ☐☐ 가 진다.

2 책을 많이 읽은 사람일수록 ☐☐☐ 이 풍부하고 이해력도 뛰어나다.

3 유미는 열심히 공부해서 성적이 오른 진주에게 ☐☐ 을 받아 열심히 공부했다.

05 화장의 역사

1 인류는 언제부터 무슨 까닭으로 화장을 시작했을까? 화장에 대한 최초의 기록은 고대 이집트인의 화장에서 찾을 수 있다. 이집트인은 먹으로 눈 주위를 칠해 눈이 크게 보이도록 화장을 했다. 이는 신의 보호를 받고 있다는 종교적 의미를 나타낼 뿐만 아니라, 건조한 사막에서 눈을 보호하려는 목적이었다. 본격적으로 치장의 목적으로 화장을 한 것은 클레오파트라 시대부터이다. 클레오파트라는 자신의 단점을 가리고 아름다움을 표현하기 위해 다양한 광물과 흙을 이용해 눈썹을 짙게 그리고 눈두덩을 진하게 칠하는 화장을 했다. 그리스 시대에는 얼굴을 하얗게 하는 화장이 주를 이루었다. 외부에서 노동을 하지 않는 상류 계층일수록 피부가 하얬기 때문에 하얀 얼굴은 곧 부를 상징했다. 사람들은 얼굴을 하얗게 만들기 위해 납 성분이 들어간 물질을 넣어 화장품을 만들기도 했다. 로마 시대에도 화장이 번성했는데, 하얀 얼굴과 붉은 입술을 만들기 위해 식물을 이용해서 화장품을 만들었다고 한다.

2 중세 시대에 들어서면서 서양의 화장은 기독교의 영향을 많이 받았다. 이때는 인간의 욕망을 이성으로 억제해야 한다는 생각 때문에 화장이 금지되었다. 하지만 르네상스 시대로 넘어오면서 화장은 다시 살아났다. 영국의 엘리자베스 1세 여왕은 천연두 흉터를 가리기 위해 백연 가루를 발라 얼굴을 하얗게 만들었다. 여왕의 하얀 얼굴은 당시 미의 기준이 되었다. 하지만 백연 가루의 납 성분 때문에 여왕은 피부가 퍼렇게 변했고, 여왕을 따라 하다가 납 중독으로 죽는 사람까지 생겼다.

3 우리나라에서는 삼국 시대부터 화장이 발달한 것으로 보인다. 여자들은 입술이나 뺨에 붉은 빛깔의 연지를 찍어 생기 있게 보이도록 했다. 화장을 하는 남자들도 있었는데 신라의 화랑은 자신의 권위와 힘을 드러내기 위해 화장을 했다고 전해진다. 이후 일제 강점기인 1916년, 우리나라 최초의 브랜드 화장품인 박가분이 탄생했다. 이전에는 주로 가내 수공업으로 생산되던 분을 정식으로 허가를 받아 대량 생산한 것으로, 당시에 인기가 꽤 높았다. 하지만 박가분에 납 성분이 들어 있다고 알려지면서 생산이 중단되었다.

4 현대 사회로 오면서 화장품을 만드는 기술이 발달하고 화장품이 대중화되어 많은 사람이 화장을 하게 되었다. 오늘날의 화장은 자신의 개성을 살릴 수 있는 하나의 문화로 자리 잡았다. 지금은 화장과 관련한 다양한 직업도 주목받고 있다. 앞으로 화장은 자신을 표현하고 건강한 아름다움을 추구하는 방향으로 나아갈 것이며, 화장 산업은 신기술, 친환경 등의 다양한 키워드를 중심으로 발전할 것이다. 오랜 역사 속에서 화장의 목적이나 기술이 다양하게 변화해 온 것처럼 앞으로의 화장도 끊임없이 변화해 나갈 것이다.

◆ **광물:** 사람이 이용하기 위해 파내거나 모으는, 땅과 물속에 섞여 있는 자연 상태의 물질. 철, 금, 은 따위

◆ **번성했는데:** 한창 성하게 일어나 널리 퍼졌는데

◆ **대중화되어:** 사람들 사이에 널리 퍼져 친숙해져

≫ 글 내용 한눈에 보기 ●●●

외국의 화장	우리나라의 화장
• 고대 이집트: 종교적 의미 또는 눈 보호를 위해 눈 주위를 먹으로 칠함 ➡ 클레오파트라 시대부터 치장을 목적으로 화장을 함 • 그리스·로마 시대: **1** ⬚⬚ (ㅇㄱ)을 하얗게 칠하는 화장을 함 • **2** ⬚⬚⬚⬚ (ㄹㄴㅅㅅ) 시대: 엘리자베스 1세 여왕은 흉터를 가리려고 화장을 함	• 삼국 시대: 여자들은 입술, 뺨에 연지를 찍음. 신라의 **3** ⬚⬚ (ㅎㄹ)은 남자이지만 권위와 힘을 드러내기 위해 화장을 함 • 일제 강점기: 우리나라 최초의 브랜드 화장품인 **4** ⬚⬚⬚ (ㅂㄱㅂ)이 탄생함 • 현대 사회: 화장품이 대중화되며, 화장이 **5** ⬚⬚ (ㄱㅅ)을 살리는 문화로 자리 잡음

화장에 대한 글쓴이의 전망
화장은 자신을 표현하고 건강한 아름다움을 추구하는 방향으로 나아갈 것이며, 화장 산업 또한 신기술, 친환경 등의 다양한 키워드를 중심으로 발전할 것임

01 이 글의 내용으로 알맞지 <u>않은</u> 것은 무엇인가요? [ ]

① 삼국 시대부터 여자들은 붉은 빛깔의 연지로 화장을 했다.

② 서양에서는 화장을 하지 못하도록 금지하는 시기가 있었다.

③ 그리스와 로마 시대에는 까무잡잡한 피부가 아름다운 피부로 여겨졌다.

④ 고대 이집트인은 사막에서 눈을 보호하기 위해 눈 주위를 까맣게 칠했다.

⑤ 르네상스 시대에 엘리자베스 1세 여왕을 따라 화장을 하다가 죽은 사람도 있었다.

02 보기 의 밑줄 친 '이것'이 가리키는 낱말을 이 글에서 찾아 쓰세요. [ ]

> **보기**
> ㄱ 이것은 화장품의 원료로 쓰여 피부를 하얗게 보이게 만들었다.
> ㄴ 이것은 영국의 엘리자베스 1세 여왕이 썼던 백연 가루에 포함된 성분으로 피부병을 유발한다.
> ㄷ 이것은 우리나라 최초의 브랜드 화장품에도 들어 있었다.

03 화장에 대한 글쓴이의 관점을 바르게 파악한 내용은 무엇일까요? [ ]

① 화장 산업의 미래가 불안하다고 예측하고 있다.

② 화장 문화의 변화를 긍정적으로 바라보고 있다.

③ 화장에 관한 직업이 필요하지 않다고 판단하고 있다.

④ 화장을 함으로써 개성이 사라지고 있다고 여기고 있다.

⑤ 서양의 화장 기술이 우리나라보다 뒤떨어진다고 보고 있다.

04 이 글의 중심 내용을 한 문장으로 완성해 보세요.

> 외국이든 우리나라든 오랜 역사 속에서 _____
> 해 온 것처럼 앞으로의 화장도 끊임없이 변화해 나갈 것이다.

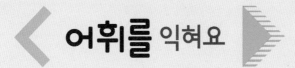

정답과 해설 15쪽

01 다음 낱말의 뜻을 찾아 바르게 연결해 보세요.

① 번성하다 •

② 상징하다 •

③ 주목받다 •

• ㄱ 한창 성하게 일어나 널리 퍼지다.

• ㄴ 관심을 가지고 주의 깊게 살피는 시선을 받다.

• ㄷ 어떤 생각이나 의미를 구체적인 사물이나 표시로 나타내다.

02 제시된 뜻과 예문을 참고하여 다음 초성에 해당하는 낱말을 빈칸에 쓰세요.

① ㅊ ㅈ : 잘 매만져 곱게 꾸미는 것

예 공주는 풍성한 드레스와 반짝이는 보석으로 화려하게 (   )을 했다.

② ㄷ ㅈ ㅎ 되다: 사람들 사이에 널리 퍼져 친숙해지다.

예 인터넷이 (   )되면서 원하는 정보를 편리하게 검색할 수 있게 되었다.

③ ㅎ ㄱ : 권한이 있는 사람이나 기관이 누구의 요청을 들어주는 것

예 땅속에 묻혀 있는 문화재는 나라의 (   )를 받아서 파내야 한다.

03 다음 문장에 들어갈 알맞은 낱말을 보기에서 찾아 쓰세요.

보기

광물   권위   역사   중독   화장

① 선생님께서는 곤충학 분야에서 [   ]가 있는 학자이시다.

② 바다 밑 깊은 땅속에는 [   ] 자원이 풍부하게 묻혀 있다.

③ 할머니께서 거울 앞에 앉아 [   ]을 곱게 하며 머리를 매만지셨다.

소금과 설탕이 궁금해

1 소금과 설탕은 둘 다 겉으로 보기에는 하얀 가루여서 구분이 쉽지 않지만 소금은 짠맛, 설탕은 단맛을 낸다는 차이가 있다는 점은 모두 알 것이다. 그렇다면 우리가 매일같이 먹는 소금과 설탕에 대해 얼마나 알고 있는지 한번 살펴보자.

2 먼저 소금은 우리 몸에 꼭 필요한 물질이다. 소금은 소화가 잘 되도록 도와주고, 신경과 근육이 하는 일을 돕는다. 또한 심장과 뇌가 제 기능을 하게 만든다. 하지만 소금을 너무 많이 먹으면 우리 몸속에 있는 수분이 부족해진다. 그래서 우리 몸은 소금을 꼭 필요한 양만 남기고 나머지는 땀, 눈물, 대변, 소변 등으로 내보낸다.

3 흔히 소금은 음식의 간을 맞출 때 넣지만, 음식을 오래 보관하기 위해 사용하기도 한다. 생선에 소금을 뿌리는 이유가 그것이다. 생선이나 육류, 채소 등을 소금에 절이면 미생물의 번식을 막아 이들을 오랜 시간 보존할 수 있다. 소금은 먹는 용도 외에 어디에 쓰일까? 해마다 생산되는 소금 가운데 4분의 3은 산업용으로 쓰인다. 소금의 구성 성분을 각각 다른 요소들과 결합하여 종이, 비닐, 플라스틱, 유리 등을 만드는 데에 이용하기도 하고, 겨울철 빙판길에 쌓인 눈을 녹이는 데에 이용하기도 한다.

4 한편 설탕도 소금처럼 음식을 오래 보관하기 위해 사용한다. 설탕이 습기를 잘 흡수해 음식이 마르는 것을 막아 주기 때문이다. 빵과 케이크를 만들 때 설탕을 넣으면 단맛을 내면서 발효도 돕고, 고기나 생선을 조리할 때 넣으면 음식을 부드럽게 만든다. 설탕은 사탕수수나 사탕무와 같은 식물에서 얻는데, 설탕의 원료가 되는 요소를 즙으로 만들어 불순물을 여과하고 색깔을 빼면 하얀 설탕이 된다.

5 그러면 소금과 설탕 모두 물에 잘 녹을까? 소금을 물에 넣으면 소금과 물이 섞여서 소금물이 되고, 설탕을 물에 넣으면 마찬가지로 설탕물이 된다. 이처럼 두 물질이 골고루 섞이는 현상을 용해라고 하며, '녹는다'라고 표현한다. 그리고 용해가 일어난 액체는 용액이라고 한다. 소금물을 보면 소금이 사라진 것처럼 보이지만 사실은 매우 작은 크기로 나눠져 물속에 섞인 것이다. 물 200 g에 소금 100 g을 넣으면 소금물이 300 g이 되는 것을 보면 알 수 있다. 하지만

소금을 식용유에 넣으면 소금이 바닥에 천천히 가라앉는다. 그래서 소금을 식용유에 넣은 것은 용액이라고 하지 않는다.

6 소금이나 설탕처럼 물에 녹는 가루를 빨리 녹이는 방법이 있다. 각설탕과 같이 덩어리가 큰 것보다 가루 설탕과 같이 덩어리가 작을수록 더 빨리 녹는다. 물에 가루를 넣고 그냥 두는 것보다 막대로 저어 주면 더 빨리 녹는다. 또 차가운 물보다는 뜨거운 물에서 더 빨리 녹고, 물의 양이 적을 때보다 물의 양이 많을 때 더 빨리 녹는다.

◆ **번식**: 붙고 늘어서 많이 퍼짐
◆ **원료**: 어떤 물건을 만드는 데 들어가는 재료
◆ **불순물**: 순수한 물질에 섞여 있는, 잡스럽거나 깨끗하지 않은 물질
◆ **여과하고**: 액체 속에 들어 있는 불순물 따위를 걸러 내고

❯❯ 글 내용 한눈에 보기 ●●●

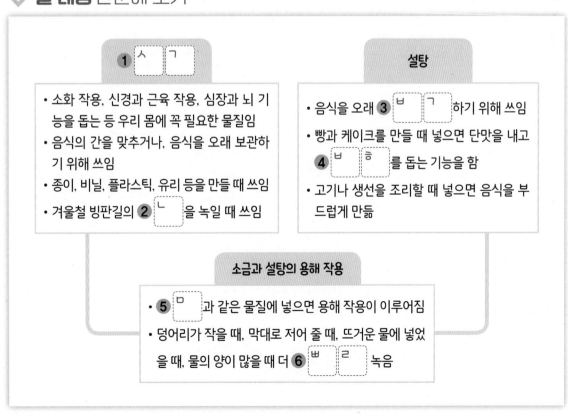

1 ㅅ ㄱ
- 소화 작용, 신경과 근육 작용, 심장과 뇌 기능을 돕는 등 우리 몸에 꼭 필요한 물질임
- 음식의 간을 맞추거나, 음식을 오래 보관하기 위해 쓰임
- 종이, 비닐, 플라스틱, 유리 등을 만들 때 쓰임
- 겨울철 빙판길의 **2** ㄴ 을 녹일 때 쓰임

설탕
- 음식을 오래 **3** ㅂ ㄱ 하기 위해 쓰임
- 빵과 케이크를 만들 때 넣으면 단맛을 내고 **4** ㅂ ㅎ 를 돕는 기능을 함
- 고기나 생선을 조리할 때 넣으면 음식을 부드럽게 만듦

소금과 설탕의 용해 작용
- **5** ㅁ 과 같은 물질에 넣으면 용해 작용이 이루어짐
- 덩어리가 작을 때, 막대로 저어 줄 때, 뜨거운 물에 넣었을 때, 물의 양이 많을 때 더 **6** ㅃ ㄹ 녹음

내용 이해

01 이 글의 내용과 일치하지 <u>않는</u> 것은 무엇인가요? [✎   ]

① 설탕은 사탕수수와 사탕무에서 얻는다.
② 소금은 소화가 잘 되도록 도와주는 역할을 한다.
③ 설탕은 빙판길에 쌓인 눈을 녹이는 데에 사용한다.
④ 소금을 지나치게 먹으면 몸속의 수분이 부족해진다.
⑤ 설탕과 소금은 둘 다 음식을 오래 보관하기 위해 사용한다.

내용 추론

02 소금을 물에 넣었을 때 생기는 일로 알맞지 <u>않은</u> 것은 무엇일까요? [✎   ]

① 소금물 용액이 만들어지겠네.
② 소금과 물이 골고루 섞여 용해되는구나.
③ 소금이 매우 작은 크기로 나뉘어 물에 섞이는 거야.
④ 소금과 물의 무게를 합치면 소금물의 무게가 되는 거네.
⑤ 소금을 식용유에 넣었을 때도 물에 넣었을 때와 같은 상태가 되는구나.

내용 비판

03 다음은 같은 양의 설탕을 녹이는 실험입니다. ①~③처럼 조건을 하나씩만 다르게 했을 때, 더 빨리 녹는 쪽에 ○ 표시를 하세요.

① 설탕의 모양 / 가루 설탕 / 각설탕

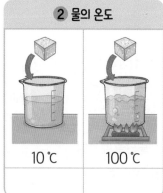
② 물의 온도 / 10℃ / 100℃

③ 물의 양 / 300 ml / 500 ml

중심 내용 쓰기

04 이 글의 중심 내용을 한 문장으로 완성해 보세요.

> 우리가 매일같이 먹는 소금과 설탕은 우리의 생활 속에서 각기 다양한 용도로 쓰이며, 둘 모두 물에 넣으면 두 물질이 골고루 섞이는 ✎_____.

어휘를 익혀요

01 다음 낱말의 뜻을 찾아 바르게 연결해 보세요.

1 보존하다 •　　　　　• ㄱ 요리를 만들다.

2 여과하다 •　　　　　• ㄴ 잘 보호하고 간수하여 남기다.

3 조리하다 •　　　　　• ㄷ 액체 속에 들어 있는 불순물 따위를 걸러 내다.

02 다음 낱말에 대한 설명이 맞으면 ○, 틀리면 ✕ 표시를 하세요.

1 '흡수'는 풀어서 내놓거나 한꺼번에 내놓는 것을 뜻한다. [○ / ✕]

2 '불순물'은 순수한 물질에 섞여 있는, 잡스럽거나 깨끗하지 않은 물질을 뜻한다. [○ / ✕]

3 '절이다'는 채소나 생선 따위를 소금기나 식초, 설탕 따위에 담가 간이 배어들게 하는 것을 뜻한다. [○ / ✕]

03 제시된 뜻과 예문을 참고하여 다음 초성에 해당하는 낱말을 빈칸에 쓰세요.

1 ㅂ ㅅ : 붇고 늘어서 많이 퍼짐

예 습기가 많은 곳에서는 세균 (　　　　　)이 잘 일어난다.

2 ㅇ ㅇ : 두 가지 이상의 물질이 섞인 액체

예 설탕에 물을 섞으면 설탕물 (　　　　　)이 만들어진다.

3 ㅇ ㄹ : 어떤 물건을 만드는 데 들어가는 재료

예 콩은 두부나 콩나물, 콩기름 등의 (　　　　　)로 사용된다.

신기한 입체 그림

① 3D 영화를 보면 화면에서 무엇인가가 튀어나올 것 같은 느낌이 드는데, 오른쪽에 있는 그림에서도 이와 유사한 느낌을 받을 수 있다. 이러한 그림을 흔히 매직아이라고 부르는데 정식 명칭은 스테레오그램(stereogram)으로, 입체 그림 혹은 입체 사진을 뜻한다. 매직아이는 실제로는 2차원의 평면 그림이지만 3차원의 입체 그림으로 보인다. 매직아이에서 3차원의 입체감을 보다 잘 느끼기 위해서는 눈의 초점을

그림보다 뒤에 맞추거나 그림 바로 앞에 맞추어 보면 된다. 초점을 뒤로 맞추려면 멍하게 쳐다보면 되고 초점을 앞으로 맞추려면 눈동자가 몰리게 하면 된다. 이와 같은 방법으로 이 그림을 들여다보면 도토리를 들고 있는 다람쥐가 3차원 입체 그림으로 보일 것이다.

② 3차원이란 가로, 세로, 높이라는 세 개의 숫자로 위치를 표시하는 공간을 말하며, 현재 우리가 살고 있는 입체적 공간이 곧 3차원에 해당한다. 차원을 알아보려면 먼저 종이에 선을 하나 그어 보자. 선은 1차원이다. 이제 선을 몇 개 더해 네모를 그려 보자. 가로와 세로가 있는 2차원이 만들어졌다. 네모에 선을 더해 사각기둥을 그려 보자. 가로, 세로에 높이까지 있는 3차원이 되었다. 그렇다면 우리는 어떻게 2차원인 매직아이 그림을 3차원인 입체 그림으로 느낄 수 있는 걸까?

③ 매직아이의 원리를 알기 위해서는 우리 눈에 대해 알아야 한다. 앞에 사과가 두 개 있다고 생각해 보자. 30 cm 앞에는 초록 사과가 있고, 1 m 앞에는 빨간 사과가 있다. 눈으로 사과를 보면 초록 사과가 빨간 사과보다 앞에 있고, 빨간 사과는 초록 사과보다 뒤에 있음을 알 수 있다. 이러한 원근감은 어떻게 알 수 있을까? 답은 두 눈과 사물이 이루는 각도에 있다. 30 cm 앞의 사과와 1 m 앞의 사과를 볼 때, 30 cm 앞에 있는 사과와 두 눈이 이루는 각도가 더 크다. 이처럼 사물과 두 눈이 이루는 각도가 크면 뇌는 사물이 가까이 있다고 판단하고, 각도가 작으면 사물이 멀리 있다고 여긴다.

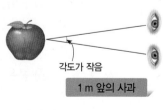

각도가 큼
30 cm 앞의 사과

각도가 작음
1 m 앞의 사과

4 이제 검지 손가락을 펴서 눈앞에 가까이 대 보자. 그런 다음 왼쪽 눈을 가리고 오른쪽 눈으로 손가락을 바라보자. 이번에는 오른쪽 눈을 가리고 왼쪽 눈으로 손가락을 바라보자. 각 눈으로 본 손가락의 모양이 약간 다를 것이다. 사람의 두 눈은 서로 떨어져 있기 때문에 두 눈으로 보는 사물의 모습에는 차이가 있다. 평상시에 우리는 왼쪽 눈과 오른쪽 눈이 사물을 다르게 본다는 것을 인지하지 못한다. 하지만 우리의 뇌는 두 눈으로 본 사물의 작은 차이를 자동적으로 합하면서 사물의 입체감을 느끼게 한다. 매직아이는 이러한 원리를 이용해 우리의 뇌가 평면 그림을 보면서도 3차원 입체를 보고 있다고 착각하게 하는 것이다.

◆ **입체감**: 위치와 넓이, 길이, 두께를 가진 물건에서 받는 느낌
◆ **초점**: 눈이 멀고 가까움을 조절하여 대상을 가장 똑똑하게 볼 수 있도록 맞추는 점
◆ **원근감**: 멀고 가까운 거리에 대한 느낌

❤ 글 내용 한눈에 보기 ●●●

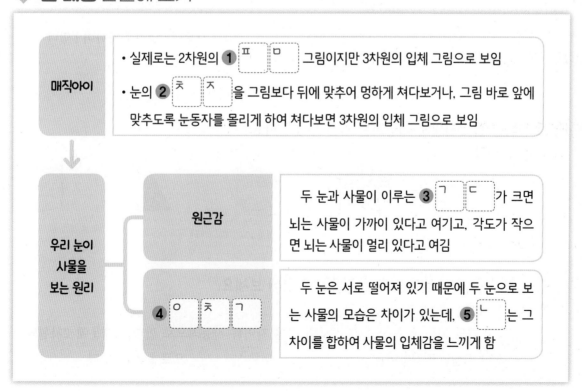

| 매직아이 | • 실제로는 2차원의 **①** [ㅍ][ㅁ] 그림이지만 3차원의 입체 그림으로 보임 |
| | • 눈의 **②** [ㅊ][ㅈ]을 그림보다 뒤에 맞추어 멍하게 쳐다거나, 그림 바로 앞에 맞추도록 눈동자를 몰리게 하여 쳐다보면 3차원의 입체 그림으로 보임 |

우리 눈이 사물을 보는 원리

| 원근감 | 두 눈과 사물이 이루는 **③** [ㄱ][ㄷ]가 크면 뇌는 사물이 가까이 있다고 여기고, 각도가 작으면 뇌는 사물이 멀리 있다고 여김 |
| **④** [ㅇ][ㅊ][ㄱ] | 두 눈은 서로 떨어져 있기 때문에 두 눈으로 보는 사물의 모습은 차이가 있는데, **⑤** [ㄴ]는 그 차이를 합하여 사물의 입체감을 느끼게 함 |

글을 이해해요

내용 이해

01 이 글에 대한 설명이 맞으면 ◯, 틀리면 ✕ 표시를 하세요.

1 가로와 세로가 있는 네모에 사각기둥을 그려 높이를 더하면 2차원이 된다. [◯ / ✕]

2 왼쪽 눈과 오른쪽 눈 사이의 각도 차이에 따라 사물의 원근감을 알 수 있다. [◯ / ✕]

내용 이해

02 매직아이를 보는 방법으로 알맞은 것은 무엇인가요?

① 한쪽 눈씩 번갈아 가며 매직아이를 본다.

② 매직아이의 가로, 세로, 높이를 상상하며 본다.

③ 매직아이를 선을 몇 개 더해 네모를 그려서 본다.

④ 두 눈을 감았다가 뜨기를 반복하면서 매직아이를 본다.

⑤ 눈의 초점을 매직아이의 바로 앞이나 뒤에 맞추며 본다.

내용 이해

03 다음 그림을 보고 뇌가 사물을 어떻게 판단할지 알맞은 말을 골라 ◯ 표시를 하세요.

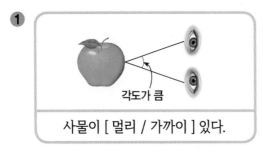

1 각도가 큼
사물이 [멀리 / 가까이] 있다.

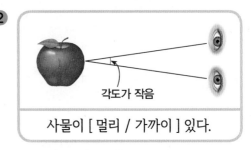

2 각도가 작음
사물이 [멀리 / 가까이] 있다.

내용 추론

04 다음 중 3차원에 해당하는 것은 무엇일까요?

 ①   ②   ③   ④   ⑤

중심 내용 쓰기

05 이 글의 중심 내용을 한 문장으로 완성해 보세요.

우리의 뇌는 두 눈으로 본 사물의 작은 차이를 자동적으로 합하기 때문에 2차원의 평면 그림인 매직아이를 ✐ _____ 으로 느낄 수 있다.

01 다음 낱말의 뜻을 찾아 바르게 연결해 보세요.

1 유사하다 •
2 인지하다 •
3 들여다보다 •

• ㄱ 서로 비슷하다.
• ㄴ 가까이서 자세히 살피다.
• ㄷ 어떤 사실을 인정하여 알다.

02 제시된 뜻과 예문을 참고하여 다음 초성에 해당하는 낱말을 빈칸에 쓰세요.

1 ㅈ ㄷ ㅈ : 저절로 움직이거나 작용하는 것

예 자동문은 사람이 가까이 다가가면 (　　　　　)으로 열린다.

2 ㅇ ㅊ ㄱ : 위치와 넓이, 길이, 두께를 가진 물건에서 받는 느낌

예 동생의 그림은 나란히 그은 선만 있어서 (　　　　　)을 느낄 수 없었다.

3 ㅊ ㄱ 하다 : 어떤 사물이나 사실을 실제와 다르게 지각하거나 생각하다.

예 나는 꿈에서 본 귀신을 진짜로 (　　　　　)하고 일어나서 한참을 울었다.

03 다음 문장에 들어갈 알맞은 낱말을 보기 에서 찾아 쓰세요.

보기

| 원리 | 차원 | 초점 | 원근감 | 평상시 |

1 눈을 가늘게 뜨면 눈의 　　　 을 잘 모을 수 있다.

2 동생이 그린 그림은 　　　 이 없어서 평면적인 느낌을 준다.

3 선생님께서 수학 문제는 　　　 를 알면 쉽게 풀 수 있다고 하셨다.

08 옷차림 속 직업 이야기

① '백의(白衣)의 천사'라는 말이 있다. 간호사를 아름답게 일컫는 말로, 예전에 간호사들이 흰옷을 입고 환자를 돌본 것에서 생겨났다. 이처럼 어떤 직업을 떠올리면 그에 맞는 옷차림이 자연스럽게 연상되는 경우가 있다. 예를 들어 의사를 떠올리면 하얀 가운을 입고 있는 모습이 떠오르는 것처럼 말이다. 그렇다면 직업과 옷차림에는 어떤 관계가 있는지 알아보자.

② 흰옷을 입고 일하는 직업에 간호사, 의사만 있는 것은 아니다. 음식을 만드는 조리사나 연구실에서 실험을 하는 연구원도 흰옷을 입고 일한다. 이런 흰옷을 입는 직업에서 보이는 공통점은 모두 위생이 중요한 분야라는 것이다. 사람의 목숨을 다루는 일, 많은 사람이 먹을 음식을 만드는 일, 미세한 오차도 허용하지 않고 정확한 실험 결과를 얻어야 하는 일은 다른 직업들보다 특히 위생이 중요하다. 그렇기 때문에 오염된 것을 쉽게 알아차리기 위하여 흰옷을 입는 것이다.

③ 소방관은 화재 및 재난이나 재해가 일어났을 때, 이에 대응하며 국민을 보호하는 일을 한다. 소방관이 화재를 진압할 때 입는 특수 방화복만 해도 4kg이다. 안전 헬멧과 방화 두건, 안전 장갑, 안전화, 공기 호흡기 세트까지 착용하면 그 무게가 20kg이 넘는다. 이렇게 엄청난 무게를 견디면서도 특수복과 보호 장비를 착용하는 이유는 다름 아닌 안전 때문이다. 위험한 화재 현장에서 불길, 유독 가스, 외부의 충격 등으로부터 소방관의 몸을 보호하기 위해서는 반드시 특수 방화복과 보호 장비를 갖추어야 한다.

④ 재판정에서 피고에 대한 벌을 결정하여 판결을 내리는 판사는 법복을 입는다. ㉠법복은 판사가 나라를 대표하여 법을 집행한다는 권위를 보여 주며 엄숙한 분위기를 자아낸다. 검은색 가운에는 자줏빛으로 된 앞단이 있고, 여기에는 법원을 상징하는 문양이 수놓아져 있다. 법복 안에는 흰 셔츠나 블라우스를 입고 무궁화 무늬가 수놓인 은회색 타이를 맨다. 법복 가운의 검은색에는 상징적인 의미가 담겨 있다. 어떤 색에도 물들지 않는 검은색처럼 외부 환경에 동요하지 않고, 오직 법과 원칙에 따라 판결을 내리는 판사의 독립성을 상징하는 것이다.

5 앞에서 살펴본 것처럼 특정한 옷차림을 꼭 갖추어야 하는 직업도 있지만, 대부분의 직업은 그렇지 않다. 다만 직업에 적합한 옷차림을 할 필요는 있다. 공무원, 교사, 바리스타 등은 직접 사람을 대하는 직업이므로 친근하고 편안한 느낌을 줄 수 있는 옷차림을 하는 것이 적절하다. 은행 직원, 금융 상품 개발자 등과 같은 전문 직업은 상대방에게 신뢰감을 줄 수 있도록 격식을 갖춘 정장 차림을 하는 것이 좋다. 반면 개성과 창의성을 중시하는 광고·예술 계열의 직업은 상대적으로 자유롭게 옷을 입기도 한다. 훗날 직업인이 되면 해당 직업의 특성을 고려하여 때와 장소, 상황에 적절한 옷차림을 할 필요가 있다는 것을 기억하자.

◆ **진압할**: 강제적인 힘으로 억눌러 가라앉힐
◆ **피고**: 소송을 당한 사람
◆ **동요하지**: 생각이나 처지가 확고하지 못하고 흔들리지

≫ 글 내용 한눈에 보기 •••

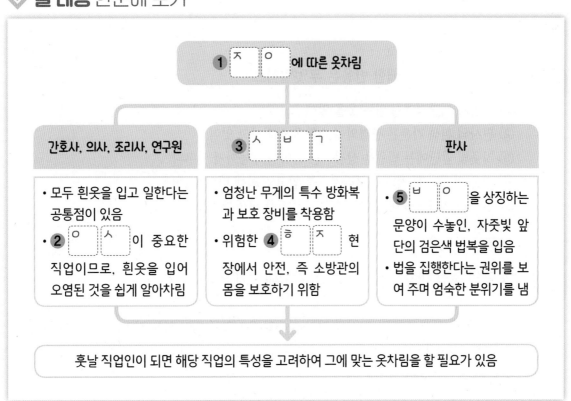

1 [ㅈ][ㅇ]에 따른 옷차림

간호사, 의사, 조리사, 연구원	3 [ㅅ][ㅂ][ㄱ]	판사
• 모두 흰옷을 입고 일한다는 공통점이 있음 • 2 [ㅇ][ㅅ]이 중요한 직업이므로, 흰옷을 입어 오염된 것을 쉽게 알아차림	• 엄청난 무게의 특수 방화복과 보호 장비를 착용함 • 위험한 4 [ㅎ][ㅈ] 현장에서 안전, 즉 소방관의 몸을 보호하기 위함	• 5 [ㅂ][ㅇ]을 상징하는 문양이 수놓인, 자줏빛 앞단의 검은색 법복을 입음 • 법을 집행한다는 권위를 보여 주며 엄숙한 분위기를 냄

훗날 직업인이 되면 해당 직업의 특성을 고려하여 그에 맞는 옷차림을 할 필요가 있음

내용 이해

01 이 글의 내용과 일치하는 것은 무엇인가요? [✐   ]

① 흰옷을 입는 직업은 의료 계열 종사자뿐이다.
② 위생이 중요한 일을 할수록 어두운 색의 옷을 입는다.
③ 대부분의 직업은 특정한 옷차림을 반드시 갖추어 입어야 한다.
④ '백의의 천사'는 의사의 하얀 가운에서 연상하여 생겨난 말이다.
⑤ 창의적 아이디어를 중시하는 직업은 상대적으로 자유롭게 옷을 입는다.

내용 이해

02 보기 는 소방관이 화재 진압 시 착용하는 특수복과 보호 장비 그림입니다. 다음 빈칸에 들어갈 알맞은 말을 쓰세요.

보기

특수 방화복   안전 헬멧   방화 두건   안전 장갑   안전화   공기 호흡기

→ 소방관이 보기 와 같은 옷차림을 하는 이유는 위험한 화재 현장에서 불과 열로부터 소방관의 몸을 ☐☐☐☐☐ 하기 위해서이다.

내용 비판

03 ㄱ에 대해 잘못 이해한 반응은 무엇일까요? [✐   ]

① 판사가 재판정에서 입는 옷을 말해.
② 판사의 흰색 가운은 판결의 순수함을 상징하고 있어.
③ 자줏빛 앞단에는 법원을 상징하는 문양이 수놓아져 있구나.
④ 가운 안에는 흰 셔츠나 블라우스를 입고 은회색 타이를 매네.
⑤ 판사의 권위를 보여 주며 엄숙한 분위기를 형성하는 역할을 하는군.

중심 내용 쓰기

04 이 글의 중심 내용을 한 문장으로 완성해 보세요.

간호사, 의사, 소방관, 판사와 같이 정해진 옷차림을 해야 하는 직업도 있고 그렇지 않은 직업도 있지만, 직업의 특성을 고려하여 ✐＿＿＿＿＿＿＿＿＿＿＿＿을 할 필요가 있다.

01 다음 낱말의 뜻을 찾아 바르게 연결해 보세요.

1 동요하다 •

2 진압하다 •

3 집행하다 •

• ㄱ 강제적인 힘으로 억눌러 가라앉히다.

• ㄴ 생각이나 처지가 확고하지 못하고 흔들리다.

• ㄷ 법률, 명령, 재판 따위의 내용을 실제로 행하다.

02 다음 낱말에 대한 설명이 맞으면 〇, 틀리면 ✕ 표시를 하세요.

1 '엄숙하다'는 몸과 마음이 자라서 어른스럽게 되는 것을 뜻한다. [〇 / ✕]

2 '연상되다'는 무엇이 다른 대상으로 인해 머릿속에 떠올려지는 것을 뜻한다. [〇 / ✕]

3 '착용하다'는 의복, 모자, 신발, 액세서리 따위를 입거나, 쓰거나, 신거나 차거나 하는 것을 뜻한다. [〇 / ✕]

03 다음 문장에 들어갈 알맞은 낱말을 보기에서 찾아 쓰세요.

보기

| 권위 | 오차 | 위생 | 재해 | 판결 |

1 나는 한 치의 ☐☐도 없이 계산을 마쳤다.

2 음식을 만드는 사람은 무엇보다 청결과 ☐☐에 주의해야 한다.

3 판사는 죄 없는 사람이 억울한 일을 당하지 않도록 ☐☐을 잘 내려야 한다.

09 화산이 분출한다

1 화산은 불을 뿜고 연기를 쏟아내며 폭발한다. 화산이 어떻게 만들어지는지 궁금하다면 지금 서 있는 곳에서 땅속으로 계속 파고들어 간다고 상상해 보자. 땅속으로 내려갈수록 100미터마다 온도는 약 2~3도씩 높아지고, 위에서 누르는 힘인 압력도 계속 높아진다. 지구 깊숙한 곳의 온도는 암석을 녹일 정도로 높고 그 힘이 강력하다. 이렇게 높은 온도 때문에 암석이 녹아 반액체로 된 것을 마그마라고 한다. 마그마에는 여러 가지 기체가 많이 들어 있어 가볍기 때문에 땅 표면 쪽으로 천천히 올라오면서 주변의 암석을 녹인다. 마그마는 어떤 암석이 주로 녹아 있느냐에 따라 차지고 끈끈한 성질인 점성이 다르다.

2 땅속에 있던 마그마가 내부의 높은 압력을 견디지 못하면 땅의 약한 부분을 뚫고 조금씩 올라온다. 그러다가 지표면의 틈으로 가스가 솟구친 뒤에 이어서 마그마가 뿜어져 나온다. 이러한 현상을 화산 분출이라고 한다. 화산이 분출할 때 나오는 가스를 화산 가스, 마그마가 땅 위로 나와 흐르는 것을 용암이라고 한다. 화산 분출이 일어나면 가스나 용암뿐 아니라 암석 조각, 화산재, 화산탄 등도 공기 중으로 쏟아져 나온다.

3 화산은 땅속에 있던 마그마가 밖으로 나올 때 어떻게 나오는지, 용암의 점성이 어떠한지에 따라 모양이 달라진다. 용암의 점성이 낮으면 용암은 천천히 멀리까지 흘러가는데, 이렇게 만들어진 화산은 경사가 완만하다. 이런 화산은 방패를 엎어 놓은 모양처럼 생겼다고 하여 순상 화산이라고 한다. 용암의 점성이 높으면 용암이 잘 흐르지 못해 화산의 경사가 급해지는데, 이렇게 생긴 화산은 종처럼 생겼다고 하여 종상 화산이라고 한다. 한라산은 전체적으로 순상 화산이나 백록담 주변은 종상 화산에 해당하며, 울릉도는 섬 전체가 종상 화산이다. 또 용암과 암석 조각, 화산재 등이 번갈아 쌓이면서 화산이 되기도 하는데, 이렇게 층을 이룬 화산을 성층 화산이라고 한다. 화산은 대부분 산 모양을 이루지만, 용암이 한꺼번에 밖으로 터져 나와 땅을 넓게 덮으면 편평한 모양의 용암 대지가 나타나기도 한다. 일본의 후지산이 성층 화산의 대표적인 예이고, 우리나라의 개마고원이 용암 대지의 대표적인 예이다.

4 화산 가스와 용암이 솟구쳐서 뿜어져 나오는 구멍인 분화구 가장자리에 용암이 높은 담

화산 가스

화산재

분화구

암석 조각

용암

처럼 굳어지면 분화구는 움푹 파인 모양이 된다. 이 분화구에 물이 고여 호수가 된 것을 화구호라고 하는데, 보통 화구호는 둥근 모양이고 크기도 작다. 한라산에 있는 백록담이 화구호이다. 화산 활동 이후에 분화구 주변이 무너지거나 아래로 빠지면서 크게 파이는 경우가 있는데, 이를 칼데라라고 부른다. 칼데라에 물이 고여 호수가 된 것을 칼데라호라고 부른다. 백두산 꼭대기에 있는 천지가 칼데라호이다.

▲ 화구호인 한라산의 백록담

▲ 칼데라호인 백두산의 천지

◆ **지표면**: 지구의 표면. 또는 땅의 겉면
◆ **분출**: 액체나 기체 상태의 물질이 솟구쳐서 뿜어져 나옴. 또는 그렇게 되게 함
◆ **경사**: 비스듬히 기울어짐. 또는 그런 상태나 정도
◆ **대지**: 주위보다 고도가 높고 넓은 면적의 평탄한 표면을 가지고 있는 지형

≫ 글 내용 한눈에 보기 ●●●

화산이 분출하기 전	• 땅속에서 암석이 녹아 ❶ `ㅁ` `ㄱ` `ㅁ` 가 됨 • 마그마가 땅의 약한 부분을 뚫고 조금씩 올라옴

↓

화산이 분출할 때	• 화산 ❷ `ㄱ` `ㅅ` , 용암, 암석 조각, 화산재, 화산탄 등이 쏟아져 나옴 • ❸ `ㅂ` `ㅍ` 모양의 순상 화산, 종 모양의 ❹ `ㅈ` `ㅅ` 화산, 층을 이룬 성층 화산, 편평한 모양의 용암 대지가 생김

↓

화산이 분출한 후	• ❺ `ㅎ` `ㄱ` `ㅎ` : 분화구에 물이 고여 호수가 된 것 • 칼데라호: 분화구 주변이 무너져서 생긴 ❻ `ㅋ` `ㄷ` `ㄹ` 에 물이 고여 호수가 된 것

글을 이해해요

내용 이해

01 이 글의 내용으로 알맞지 <u>않은</u> 것은 무엇인가요? [✎   ]

① 백두산과 한라산은 화산이다.
② 화산이 폭발할 때 가스가 먼저 분출한다.
③ 마그마가 땅 위로 흐르는 것을 용암이라고 한다.
④ 분화가 끝난 후에 화산의 분화구가 호수가 되기도 한다.
⑤ 화산은 마그마가 땅의 단단한 부분을 뚫고 나와 만들어진다.

내용 추론

02 화산의 특징을 비교한 내용 중에서 알맞지 <u>않은</u> 것은 무엇일까요? [✎   ]

① 화산의 이름	순상 화산	종상 화산
② 마그마의 점성	높다.	낮다.
③ 용암의 흐름	잘 흐른다.	잘 흐르지 않는다.
④ 화산의 경사	완만하다.	급하다.
⑤ 화산 모양 그림		

내용 비판

03 화산에 대한 내용을 바르게 이해한 사람의 이름을 쓰세요. [✎   ]

해인	화산은 무조건 산 모양으로만 만들어지는구나.
시후	녹아 있는 암석의 종류에 따라 마그마의 끈끈한 정도가 달라진대.
도윤	울릉도는 섬 전체가 성층 화산이고, 일본의 후지산은 종상 화산이네.
지완	얼마 전에 칼데라호인 한라산의 백록담에 가 보았어. 정말 아름답더라.

중심 내용 쓰기

04 이 글의 중심 내용을 한 문장으로 완성해 보세요.

땅속에 있던 마그마가 지표면의 틈으로 뿜어져 나오는 것을 화산 분출이라고 하는데, 이때 용암의 점성에 따라 화산의 모양이 ✎   로 달라지며, 분화 활동 이후 분화구에 물이 고여 호수가 되기도 한다.

01 다음 낱말의 뜻을 찾아 바르게 연결해 보세요.

1 용암 •
2 점성 •
3 지표면 •

• **ㄱ** 차지고 끈끈한 성질

• **ㄴ** 지구의 표면. 또는 땅의 겉면

• **ㄷ** 화산이 폭발할 때 땅 위로 나와 흐르는 마그마 또는 그것이 굳어서 된 암석

02 다음 문장의 괄호 안에 들어갈 알맞은 낱말을 골라 보세요.

1 울릉도는 [암석 / 화산]이 폭발하여 생긴 섬이다.

2 도로가 [볼록 / 움푹] 패인 곳에 물이 괴어 있었다.

3 우리가 내일 오를 산은 생긴 모양이 험하지 않고 [완만하다 / 원만하다].

03 제시된 뜻과 예문을 참고하여 다음 초성에 해당하는 낱말을 빈칸에 쓰세요.

1 ㅍ ㅂ : 불이 일어나며 갑작스럽게 터짐

예 화산의 ( )로 도시 전체가 화산재에 묻혀 버렸다.

2 ㄱ ㅅ : 비스듬히 기울어짐. 또는 그런 상태나 정도

예 우리 동네 뒷산은 ( )가 가팔라서 오르기가 힘들다.

3 ㅂ ㅊ : 액체나 기체 상태의 물질이 솟구쳐서 뿜어져 나옴. 또는 그렇게 되게 함

예 제주도에서 많이 보이는 현무암은 용암의 ( )로 생긴 돌이다.

10 코르니유 영감의 비밀

1 이보게. 우리 고장이 옛날에도 지금처럼 조용하고 한적한 곳은 아니었다네. 마을은 밀을 빻으러 오는 농부들로 북적였고, 방앗간의 풍차도 계속 돌았어. 흥겨운 노랫소리와 기쁨이 넘치는 곳이었단 말일세. 마을이 이토록 쓸쓸해진 건 도시에 사는 녀석들이 증기 방앗간을 세우면서부터일세. 사람들은 근사한 최신식 증기 방앗간으로 몰려갔어. 결국 마을 방앗간이 하나둘 문을 닫기 시작했고, 힘차게 돌아가던 풍차도 멈추어 갔지.

2 단 한 곳, 이 재앙에도 꿋꿋이 버티고 있는 풍차 방앗간이 있었어. 바로 코르니유 영감의 방앗간이었지. 영감은 60년 동안이나 해 온 방앗간 일을 아주 자랑스럽게 생각했어. 나뿐 아니라 모두가 이해할 수 없었던 것은 더 이상 아무도 영감에게 밀을 빻으러 가지 않는데도 영감네 방앗간의 풍차 날개는 여전히 돌고 있는 것이었네. 게다가 저녁때가 되면 영감은 이따금 밀을 가득 담은 자루를 짊어진 당나귀와 함께 동네를 지나다녔어. 모두들 어찌 된 영문인지 궁금해했지만 저마다 코르니유 영감의 비밀을 상상해 볼 뿐이었어.

3 어느 날, 코르니유 영감의 손녀 비베트와 내 큰아들이 서로 사랑하고 있다는 것을 알게 되었어. 나는 두 아이의 결혼을 상의하려고 코르니유 영감의 방앗간을 찾아갔지만 문전박대를 당했지. 내 이야기를 들은 두 아이는 곧 영감의 방앗간으로 달려갔네. 방앗간에 코르니유 영감이 보이지 않자 아이들은 몰래 방앗간 안으로 들어가 보기로 했어. 영감이 도대체 방앗간 안에 무엇을 숨겨 놓았는지 확인해 보려고 한 거야.

4 아아, 그런데 이게 웬일이란 말인가? 방앗간 안은 텅텅 비어 있었고, 밀알 한 톨 보이지 않았어. 아무리 눈을 씻고 보아도 최근에 밀을 빻은 흔적을 찾을 수 없었어. 자루에는 자갈과 허연 흙뿐이었네. 자, 이제 코르니유 영감의 비밀을 알겠나? 증기 방앗간에 일거리를 빼앗긴 지 한참이 지났지만, 영감은 일거리가 있는 것처럼 사람들을 속여 왔던 거야. 당나귀가 싣고 오가던 자루엔 옛 방앗간의 폐기물이 들어 있었던 거고. 그렇게라도 영감은 자신의 풍차 방앗간의 명예를 지키고 싶었던 거야. 아이들은 눈물을 흘리며 돌아왔고, 그 이야기를 들은 내 가슴도 찢어질 듯 아팠네. 나는 즉시 마을 사람들에게 이 사실을 알렸네.

"밀을 최대한 많이 모아서 코르니유 영감에게 가져다줍시다."

마을 사람들은 밀을 모아 당나귀 등에 실어서 영감의 풍차 방앗간으로 향했어.

5 코르니유 영감은 누군가 자신의 비밀을 눈치챈 것이 슬퍼서 울고 있었어. 그 무렵에 밀을 실은 당나귀들이 방앗간에 도착했어. 사람들은 밀을 담은 자루를 방앗간 앞에 쌓았고, 잘 익은 금빛 밀알들이 자루에서 쏟아졌어. 그것을 본 코르니유 영감의 얼굴은 금방 환해졌어.

"아아, 밀이다! 이렇게 잘 익은 밀은 처음이야."

우리는 비로소 우리가 지켜야 할 것이 무엇인지 깨달았지. 그래서 영감에게 일감을 주기로 다짐했고, 그 다짐은 오래도록 지켜졌네. 하지만 세월이 흐른 뒤 코르니유 영감이 세상을 떠나자 우리의 마지막 풍차 방앗간도 영원히 멈추었다네. 풍차의 시대도 지나가 버린 것이지. 우리도 이제는 그 사실에 익숙해질 수밖에 없을 것일세.

◆ **영문:** 일이 돌아가는 형편이나 그 까닭
◆ **문전 박대:** 찾아온 사람을 문 앞에서 푸대접함
◆ **폐기물:** 못 쓰게 되어 버리는 물건

❱❱ 글 내용 한눈에 보기 •••

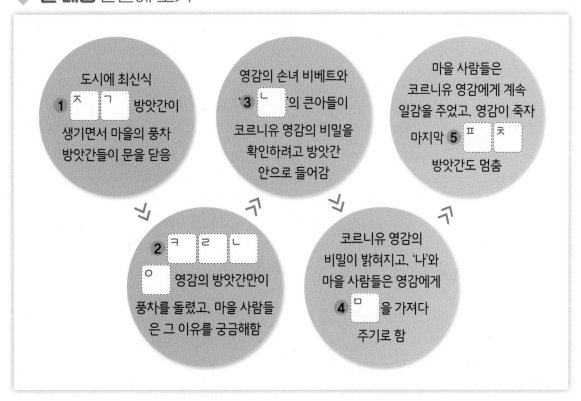

1 ㅈㄱ 방앗간이 생기면서 마을의 풍차 방앗간들이 문을 닫음

영감의 손녀 비베트와 '3 ㄴ '의 큰아들이 코르니유 영감의 비밀을 확인하려고 방앗간 안으로 들어감

마을 사람들은 코르니유 영감에게 계속 일감을 주었고, 영감이 죽자 마지막 5 ㅍㅊ 방앗간도 멈춤

2 ㅋㄹㄴㅇ 영감의 방앗간만이 풍차를 돌렸고, 마을 사람들은 그 이유를 궁금해함

코르니유 영감의 비밀이 밝혀지고, '나'와 마을 사람들은 영감에게 4 ㅁ 을 가져다 주기로 함

내용 이해

01 이 글의 내용으로 알맞은 것은 무엇인가요? [✐   ]

① 코르니유 영감의 손녀와 '나'의 큰아들은 풍차가 멈추기를 바랐다.
② 코르니유 영감은 마을에서 마지막으로 최신식 증기 방앗간을 열었다.
③ 코르니유 영감이 세상을 떠나자 손녀가 방앗간을 이어받아 운영했다.
④ 마을 사람들은 풍차 방앗간을 살리기 위해 도시에서 밀을 가져와 빻았다.
⑤ 코르니유 영감은 마을 사람들의 도움으로 다시 방앗간 일을 할 수 있었다.

내용 추론

02 코르니유 영감의 성격으로 보기에 <u>어려운</u> 것은 무엇일까요? [✐   ]

① 고집이 센 편이다.
② 명예를 중요하게 여긴다.
③ 자신의 일에 대한 자부심이 있다.
④ 평생 방앗간 일을 할 정도로 성실하다.
⑤ 다른 사람의 비밀을 소중하게 지켜 준다.

내용 추론

03 코르니유 영감의 비밀을 다음과 같이 정리할 때, 빈칸에 들어갈 알맞은 말을 쓰세요.

코르니유 영감의 행동	아무도 영감에게 밀을 빻으러 가지 않는데 풍차를 돌림	저녁때가 되면 ❶ [ ]을 가득 담은 자루를 짊어진 당나귀와 함께 동네를 지나다님
코르니유 영감의 비밀	❷ [ ]를 돌리기 위해 밀이 아니라 자갈과 흙을 빻았음	방앗간에서 일을 한 것처럼 보이려고 옛 방앗간의 폐기물들이 담긴 자루를 당나귀에 싣고 마을을 다님

중심 내용 쓰기

04 이 글의 중심 내용을 한 문장으로 완성해 보세요.

도시의 증기 방앗간에 일거리를 빼앗긴 지 한참이 지났지만 코르니유 영감은 사람들을 속이며 풍차를 계속 돌렸는데, 그 비밀을 알게 된 마을 사람들은 영감에게 계속 일감을 주었고 코르니유 영감이 세상을 떠나자 ✐   .

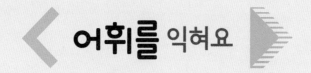

01 다음 낱말에 대한 설명이 맞으면 ○, 틀리면 ✕ 표시를 하세요.

❶ '문전 박대'는 찾아온 사람을 문 앞에서 푸대접함을 뜻한다. [○ / ✕]

❷ '일거리'는 일을 하여 돈을 벌 거리를 뜻하며, '일감'과 같은 뜻을 지닌다. [○ / ✕]

❸ '한적하다'는 소문이나 사건 따위로 분위기가 수선스러울 때 주로 쓰는 말이다. [○ / ✕]

02 제시된 뜻과 예문을 참고하여 다음 초성에 해당하는 낱말을 빈칸에 쓰세요.

❶ ｜ㅍ｜ㄱ｜ㅁ｜ : 못 쓰게 되어 버리는 물건

예 나는 (　　　　　　　)을 재활용하여 만들기 숙제를 했다.

❷ ｜ㅇ｜ㅁ｜ : 일이 돌아가는 형편이나 그 까닭

예 동생이 말없이 우는데 나는 어찌 된 (　　　　　　　)인지 몰라서 답답했다.

❸ ｜ㅂ｜ㅇ｜ㄱ｜ : 방아로 곡식을 찧거나 빻는 곳

예 명절이 되면 (　　　　　　　)에 떡을 하러 오는 사람들이 많아진다.

03 다음 문장에 들어갈 알맞은 낱말을 보기에서 찾아 쓰세요.

> **보기**
>
> 명예　　　　비밀　　　　재앙　　　　증기　　　　흔적

❶ 언니는 컵을 깬 것을 엄마께 ｜　｜　｜로 해 달라고 부탁했다.

❷ 우리 학교의 ｜　｜　｜를 걸고 이번 대회에서 반드시 우승하겠습니다.

❸ 옛날 사람들은 가뭄이나 홍수를 하늘에서 ｜　｜　｜이 내린 거라고 여겼다.

11 나라를 구한 백성들

역사 신문

① 특집 기사   의병, 일어서다

1592년 4월, 도요토미 히데요시는 대규모 군대를 보내 조선을 침략했다. 조선의 군사와 백성들은 부산에 상륙한 일본군에 맞서 싸웠지만 신식 무기로 무장한 일본군에게 패하고 말았다. 왕과 신하들은 한양을 떠나 피란을 갔고, 관군들도 달아나기 바빴다. 이런 상황에서 나라 곳곳에서 일어난 의병의 활약은 눈부셨다. 양반, 농민, 노비 할 것 없이 참여한 의병은 처음에는 마을을 지키기 위해 모였다가 규모를 키워 소부대로 활동했다. 의병은 근방의 지리에 밝다는 이점을 전투에 이용하여 일본군이 지나가는 길목에 숨어 있다가 일본군을 급습했다. 나라를 구하기 위해 백성들이 자발적으로 조직한 군대인 의병. 그들이 있었기에 나라를 지키고, 백성들이 삶을 지탱할 수 있었다.

② 이달의 인물   [ㄱ   ]

임진왜란 당시, 가장 먼저 의병을 일으킨 곽재우. 붉은 옷을 입고 백마를 탄 곽재우는 스스로 '홍의 장군'이라고 했다. 사실 붉은 옷은 눈에 쉽게 띄어서 전투에서 표적이 될 확률이 높은데, 곽재우는 부하 여러 명에게 붉은 옷을 입혀서 누가 진짜 곽재우인지 모르게 위장하였다. 곽재우는 일본군이 혼란에 빠진 틈을 타 공격하여 적군을 무찔렀다. 그의 부대는 낙동강 일대를 중심으로 활동하며 큰 공을 세웠다. 특히 경상도에서 전라도로 가는 길목인 정암진을 지켜 쌀이 가장 많이 나는 지역인 전라도를 일본군이 점령하지 못하도록 막아 냈다. 이것이 바로 '정암진 전투'로, 일본군의 기세를 크게 꺾은 소중한 승리였다. 심리전과 전술에 탁월했던 곽재우의 용맹함을 기려 보자.

③ 사람을 구합니다   승병 모집

승려들로 조직된 의병 부대에서 승병을 모집합니다. 전란 상황이니 나이가 많거나 병약한 승려는 기도를 하고, 젊은 승려는 전장에 나가 싸웁시다. 이미 묘향산의 서산 대사와 금강산의 사명 대사는 승려들을 이끌고 나가 명나라 군대와 힘을 합쳐 일본군에게 함락되었던 평양성을 되찾았습니다. 승려들이 전국 각지에서 의병을 일으켜 활약하고 있으니, 함께 나라를 구하러 나갑시다.

4 깜짝 인터뷰   행주 대첩에서 활약한 부녀자를 만나다

임진왜란 3대 대첩으로 불리는 행주 대첩에 참여하셨다고 들었는데요, 그때의 상황을 설명해 주시겠어요?

전라도 관찰사였던 권율 장군은 일본군의 손에 넘어간 한양을 되찾기 위해 군대를 이끌고 행주 산성에 진을 쳤어요. 조선 군사보다 세 배나 많고 신식 무기로 무장한 일본군과의 싸움은 점점 힘 들어졌어요. 화살과 포탄이 부족해지자 우리 부녀자들은 치마에 돌을 날라 조선 군사를 지원했지 요. 많은 분들이 행주 대첩은 부녀자의 활약으로 승리한 전투라고 오해하시는데, 우리가 힘을 보 탠 것은 사실이나 그것이 승리에 결정적인 역할을 한 것은 아니었답니다. 행주 대첩은 관군과 승 병, 의병, 부녀자까지 모두가 힘을 합쳐 나라를 지킨, 의미 있는 전투라고 생각해 주세요.

◆ **급습했다:** 갑자기 공격했다.

◆ **지탱할:** 오래 버티거나 배겨 낼

◆ **표적:** 목표로 삼는 대상

≫ 글 내용 한눈에 보기 ●●●

1 ⓞ ⓩ ⓞ ⓛ 당시, 위기에 빠진 나라를 구하기 위해 힘을 합쳐 싸운 조선의 백성들

곽재우	• 가장 먼저 의병을 일으켰으며, 스스로 **2** ⓗ ⓞ 장군이라 하고 일본군과 싸움 • **3** ⓩ ⓞ ⓩ 전투를 승리로 이끌어 일본군의 전라도 점령을 막아 냄
승려들	서산 대사와 사명 대사가 **4** ⓢ ⓑ 을 이끌고 일본군에게 뺏겼던 평양성을 되 찾았고, 많은 승려들이 전국 각지에서 의병을 일으켜 활약함
부녀자	**5** ⓗ ⓩ 산성에서 치마로 돌을 날라 조선 군사를 지원함

내용 이해

01 의병에 대한 설명으로 알맞지 <u>않은</u> 것은 무엇인가요? [✎   ]

① 승려도 의병으로 활동했다.
② 전쟁이 일어나자 왕이 직접 모집했다.
③ 양반, 농민, 노비 할 것 없이 함께 참여했다.
④ 처음에는 마을을 지키기 위해 모인 집단이었다.
⑤ 전국 각지에서 그 근방의 지리에 밝다는 이점을 전투에 이용했다.

내용 추론

02 보기를 참고할 때, 에 들어갈 기사 제목으로 알맞지 <u>않은</u> 것은 무엇일까요?

[✎   ]

> **보기**
>
> 신문 기사의 제목은 기사에 나온 핵심 내용을 아주 짧게 정리한 것으로, 독자의 관심이나 호기심을 자극할 만한 것으로 붙여야 한다.

① 홍의 장군 곽재우   ② 최초의 의병 곽재우
③ 뛰어난 전술가 곽재우   ④ 노비 출신 의병 곽재우
⑤ 동에 번쩍 서에 번쩍 곽재우

내용 비판

03 이 글을 읽고 이해한 반응으로 알맞은 것은 무엇일까요? [✎   ]

① 나이가 많은 승려도 의무적으로 전장에 나가야 했군.
② 권율 장군은 한양을 되찾기 위해 행주산성에 진을 친 거였군.
③ 서산 대사와 사명 대사는 다른 나라의 도움 없이 평양성을 되찾았군.
④ 행주 대첩에서 승리를 거두는 데 부녀자가 가장 결정적인 역할을 했군.
⑤ 곽재우의 의병 부대는 일본군이 전라도 지역을 점령하는 것을 막아 내지는 못했군.

중심 내용 쓰기

04 이 글의 중심 내용을 한 문장으로 완성해 보세요.

> 임진왜란이 일어나자 가장 먼저 ✎   , 승려들로 조직된 의병인
> 승병, 행주 대첩에서 활약한 부녀자들 모두 일본군에 맞서 싸웠기에 조선이라는 나라
> 를 지킬 수 있었다.

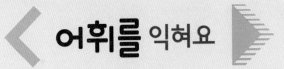
01 다음 낱말의 뜻을 찾아 바르게 연결해 보세요.

1 무장하다 •

2 상륙하다 •

3 위장하다 •

• ㄱ 배에서 육지로 오르다.

• ㄴ 전투에 필요한 무기나 장비를 갖추다.

• ㄷ 적의 눈에 뜨이지 않게 병력, 장비, 시설 따위를 꾸미다.

02 다음 문장의 괄호 안에 들어갈 알맞은 낱말을 골라 보세요.

1 우리 군사는 적군을 [**급속하여** / **급습하여**] 전쟁에서 승리했다.

2 할머니께서는 산소 호흡기로 목숨을 [**점령하고** / **지탱하고**] 계신다.

3 승우는 영어 퀴즈 모둠 대결에서 기대 이상의 [**강약** / **활약**]을 펼쳤다.

03 다음 문장에 들어갈 알맞은 낱말을 보기에서 찾아 쓰세요.

보기

| 기세 | 승려 | 의병 | 전란 | 표적 |

1 계속된 ☐☐으로 많은 백성들이 고통을 받고 있다.

2 우리나라 양궁 선수는 정신을 집중하고 ☐☐을 향해 활시위를 당겼다.

3 외적의 침입을 물리치기 위하여 백성들이 자발적으로 조직한 군대를 ☐☐이라고 한다.

12 동물들이 집단을 이루는 이유

❶ 동물들은 끊임없이 경쟁하므로 혼자 살아가는 것보다는 협동하며 사는 것이 이롭다. 그래서 많은 동물들이 협동을 위한 특별한 행동을 발전시켜 왔는데, 그중 하나가 같은 종의 동물끼리 집단생활을 하는 것이다. 집단은 자연의 여러 가지 위험 속에서 동물들이 살아남는 데 도움이 될 때 만들어진다. 그러면 동물들이 어떤 이유로 집단을 이루는지 알아보자.

❷ 먼저 포식자에게 붙잡힐 가능성을 줄이기 위해서 많은 개체가 단순히 무리를 지어 다니는 경우가 있다. 예를 들어 '살파'라는 플랑크톤은 사슬처럼 연결되어 떼로 다니기도 하는데, 그렇게 함으로써 많은 숫자와 색깔이 포식자들에게 혼동을 일으켜 개체들이 살아남을 가능성이 커진다. 또 초원에 사는 가젤들도 포식자를 피하려고 집단을 이룬다. 가젤은 치타와 같은 맹수들이 공격해 오면 무리 지어 도망가면서 폴짝폴짝 뛰어오른다. 이때 보이는 가젤의 꼬리 쪽 하얀 털이 맹수에게 혼란을 주는 동시에 다른 개체들을 향해 도망가라는 신호를 보내는 역할을 한다.

❸ 반면에 포식자들은 먹잇감이 되는 다른 동물들을 보다 효과적으로 잡기 위해 무리를 이루어 협동으로 공격을 하기도 한다. 아프리카의 사자가 대표적인 예이다. 사자는 보통 여러 마리가 무리를 지어 살며, 사냥은 주로 암사자들이 한다. 암사자들 중 일부는 사냥감을 쫓아가며 한쪽으로 몰아가고, 그쪽에 숨어 있던 나머지 사자들이 기습 공격을 하는 경우가 많다. 또한 여러 마리의 사자가 함께 공격함으로써 기린과 같이 자기보다 더 큰 동물을 사냥할 수도 있다.

❹ 다음으로 혹독한 자연환경 속에서 살아남기 위해 집단을 이루는 경우가 있다. 이런 동물들의 예로는 황제펭귄이 있다. 남극 대륙에 사는 수천 마리의 황제펭귄들은 좁은 지역에 모여서 서로 몸을 빈틈없이 단단히 붙여 체온을 유지한다. 펭귄이 이렇게 서로 엉켜서 모여 있는 것을 허들링이라고 하는데, 허들링을 하고 있는 집단의 가운데는 찬 바람이 들어오지 않아 따뜻한 열기가

유지되지만 가장자리는 여전히 춥다. 그래서 펭귄들은 바깥쪽에 있던 펭귄들이 안쪽으로 들어갈 수 있도록 계속해서 조금씩 자리를 바꾸며 따뜻함을 나눈다.

5 마지막으로 효율성을 높이기 위해 개체들이 각자의 역할을 나누어 집단을 이루는 경우가 있다. 개미는 여왕개미를 중심으로 계급이 있고 각자의 일을 맡아서 하며 다른 개체들과 적극적으로 상호 작용을 한다. 수개미는 짝짓기를 위해 존재하며, 여왕개미는 짝짓기 후 알을 낳는 역할을 한다. 그리고 일개미는 여왕개미의 시중들기, 애벌레 키우기, 먹이 모으기 등을 한다. 일개미 중 덩치가 크고 양턱이 발달한 병정개미는 외부의 적들과 싸우거나 개미집의 입구를 지키는 역할을 한다.

◆ **포식자**: 다른 동물을 먹이로 하는 동물
◆ **개체**: 하나의 독립된 생물체. 살아가는 데에 필요한 독립적인 기능을 갖고 있음
◆ **기습**: 적이 생각지 않았던 때에, 갑자기 들이쳐 공격함. 또는 그런 공격
◆ **혹독한**: 몹시 심한
◆ **효율성**: 들인 노력과 얻은 결과의 비율이 높은 특성

❱❱ **글 내용** 한눈에 보기 ●●●

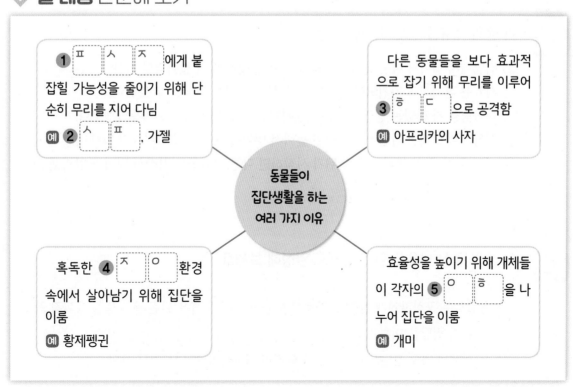

내용 이해

01 집단생활을 하는 동물들에 대한 설명으로 알맞은 것을 골라 보세요.

1 사자는 여러 마리가 무리를 지어 살며 사냥은 주로 [수사자 / 암사자]들이 한다.

2 일개미 중에서 덩치가 크고 양턱이 발달하여 적과 싸우는 임무를 맡은 개미를 [병정개미 / 여왕개미]라고 한다.

3 포식자에게 붙잡힐 가능성을 줄이기 위해 단순히 무리를 지어 사는 동물의 예로 [가젤 / 황제펭귄]을 들 수 있다.

내용 이해

02 이 글은 어떠한 구조로 동물들이 집단을 이루는 이유를 설명하고 있나요?

[✎   ]

① 순서 구조: 시간이나 공간의 순서에 따라 설명하는 글의 구조
② 분류 구조: 일정한 기준에 따라 종류를 나누어 가르는 글의 구조
③ 나열 구조: 하나의 주제에 대해 몇 가지 특징을 늘어놓는 글의 구조
④ 문제와 해결 구조: 문제와 그에 대한 해결 방법을 제시하는 글의 구조
⑤ 비교와 대조 구조: 두 대상의 공통점과 차이점을 중심으로 설명하는 글의 구조

내용 추론

03 이 글의 내용을 잘못 이해한 것은 무엇일까요?

[✎   ]

① 집단에서 떨어져 나온 살파는 포식자들 눈에 쉽게 띄어 잡아먹힐 거야.
② 사자는 혼자서도 자기보다 몸집이 큰 동물들을 쉽게 사냥할 수 있겠어.
③ 허들링을 하고 있는 펭귄 무리는 가운데에서 점점 바깥쪽으로 이동하겠구나.
④ 여왕개미는 개미 집단에서 계급이 높아서 먹이를 직접 구하러 다니지 않겠네.
⑤ 가젤 무리 중 한 마리가 폴짝 뛰기 시작하면 다른 가젤들도 따라서 뛰며 도망가겠구나.

중심 내용 쓰기

04 이 글의 중심 내용을 한 문장으로 완성해 보세요.

동물들은 포식자에게 붙잡힐 가능성을 줄이기 위해 혹은 다른 동물들을 효과적으로 잡기 위해 집단을 이루기도 하고, ✎ _____
혹은 개체의 역할 분담으로 효율성을 높이기 위해 집단을 이루기도 한다.

01 다음 낱말의 뜻을 찾아 바르게 연결해 보세요.

1 개체 •

2 협동 •

3 효율성 •

• ㄱ 서로 마음과 힘을 하나로 합함

• ㄴ 들인 노력과 얻은 결과의 비율이 높은 특성

• ㄷ 하나의 독립된 생물체. 살아가는 데에 필요한 독립적인 기능을 갖고 있다.

02 제시된 뜻과 예문을 참고하여 다음 초성에 해당하는 낱말을 빈칸에 쓰세요.

1 [ㅎ][ㄷ]하다: 몹시 심하다.

예 한겨울 (   )한 추위로 강물이 얼어붙었다.

2 [ㅁ][ㅅ]: 주로 육식을 하는 사나운 짐승

예 동물원의 조련사는 사자나 호랑이 같은 (   )를 쉽게 다룬다.

3 [ㄱ][ㅅ]: 적이 생각지 않았던 때에, 갑자기 들이쳐 공격함. 또는 그런 공격

예 한밤중 적의 (   )으로 우리 군은 큰 피해를 입었다.

03 다음 문장에 들어갈 알맞은 낱말을 보기 에서 찾아 쓰세요.

보기

경쟁   집단   혼동   짝짓기   포식자

1 고래는 바다에 사는 생물들 중 최상위에 있는 [ ][ ][ ]이다.

2 나는 잠이 다 깨지 않아서인지 꿈과 현실 사이에서 [ ][ ]을 일으켰다.

3 인간 이외에도 기린, 꿀벌과 같이 [ ][ ]을 이루며 사는 동물들이 많다.

13 욕심을 이용하면 사냥도 쉽다

❶ 사람들은 옛날부터 고기, 가죽, 뿔 등을 얻기 위해 동물들을 사냥해 왔다. 맨몸으로 동물을 쫓아가 잡았던 원시인들은 점차 활, 창과 같은 도구를 사용하거나 개, 매와 같은 동물을 길들여 이용함으로써 쉽게 사냥할 수 있게 되었다. 수렵 생활을 하는 일부 부족들은 동물의 특성을 이용하여 더욱 간단하게 사냥을 하기도 했다. 그들이 어떤 방법으로 지혜롭게 사냥을 했는지 살펴보자.

❷ 아메리카 인디언 부족들 사이에서 전해 내려오는 곰을 사냥하는 방법이 있다. 먼저 곰의 머리만 한 크기의 돌덩이를 준비하고, 거기에 곰이 좋아하는 달콤한 꿀을 잔뜩 바른다. 그다음엔 꿀을 바른 돌을 곰이 서 있을 때의 머리 높이쯤으로 해서 튼튼한 나뭇가지에다가 매달아 놓는다. 이것이 곰 사냥 준비의 전부이다. 기다리다 보면 곰이 꿀 냄새를 맡고 나타난다. 곰은 그 돌에 묻어 있는 꿀을 먹으려고 앞발을 들고 돌을 잡으려고 노력하지만 나뭇가지에 매달려 있는 돌을 잡기는 쉽지 않다. 돌은 오히려 곰의 앞발 동작에 뒤로 밀렸다가 앞으로 돌아오면서 곰의 머리를 때린다. 다시 곰이 그 돌을 잡으려고 하면 또 돌이 어느새 다가와 곰의 머리를 더 세게 친다. 그러면 곰은 '저놈이 나를 계속 때렸겠다. 어디 누가 이기나 끝까지 해 볼까?' 하는 생각에 돌을 더 꽉 잡으려고 계속해서 달려든다. 하지만 곰이 돌을 세게 치면 칠수록 돌은 더 큰 반작용으로 곰에게 돌아오게 된다. 결국 곰은 되돌아오는 돌에 계속 맞아 큰 충격을 받게 되고 마침내 쓰러지고 만다. 이렇게 저돌적인 곰의 성격을 이용해서 인디언들은 힘들이지 않고 곰을 잡는다고 한다.

❸ 한편 북아프리카의 원주민들에게는 원숭이를 생포하는 전통적인 방법이 있다. 원숭이의 손이 겨우 들어갈 정도의 입구가 좁은 항아리 안에 원숭이가 좋아하는 먹잇감인 견과류를 집어넣는다. 그런 다음 그 항아리를 원숭이가 자주 다니는 길목에 놓고, 원숭이가 항아리를 들고 도망가지 못하도록 무거운 돌을 넣고 고정한다. 이것으로 원숭이를 사냥하기 위한 준비는 모두 끝났다. 냄새를 맡고 온 원숭이는 항아리의 좁은 입구로 손을 넣고 견과류를 꺼내려고 애쓴다. 하지만 처음 집어넣을 때 쉽게 들어가던 빈손과는 달리 견과류를 잔뜩 움켜쥔 손은 구멍에서 절대 빠지지 않는다. 사실 원숭이는 주먹을 풀기만 하면 탈출할 수 있는데, 어리석게도 사람들이 다가와도 손에 쥔 먹이를 놓지 않아 결국 잡힌다. 손에 들어온 것은 놓지 않는 원숭이의 습관을 이용한 사냥 방법이다.

④ 동물의 특성을 이용해 손쉽게 사냥하는 아메리카 인디언들과 북아프리카의 원주민들은 참으로 현명하다. 반면에 이 이야기에서 보이는 곰과 원숭이의 모습을 통해 우리는 무엇을 배울 수 있을까? 바로 자신의 욕심에 지나치게 집착하지 않는 자세가 필요함을 알 수 있다. 곰이 돌을 이겨 보겠다는 마음과 원숭이가 먹이를 꼭 가지고 가야겠다는 마음을 버렸다면 사람들에게 잡히지 않았을 것이다. 지나친 욕심은 소중한 시간을 낭비하게 만들고, 더 중요한 것을 놓치게 만든다. 이때의 탈출 방법도 간단하다. 욕심을 내려놓는 것이다.

◆ 수렵: 총이나 활 또는 길들인 매나 올가미 따위로 산이나 들의 짐승을 잡는 일
◆ 반작용: 어떤 움직임에 대하여 그것을 거스르는 반대의 움직임이 생겨남. 또는 그 움직임
◆ 저돌적: 앞뒤를 생각하지 않고 내닫거나 덤비는. 또는 그런 것
◆ 생포하는: 산 채로 잡는
◆ 집착하지: 어떤 것에 늘 마음이 쏠려 잊지 못하고 매달리지

≫ 글 내용 한눈에 보기 •••

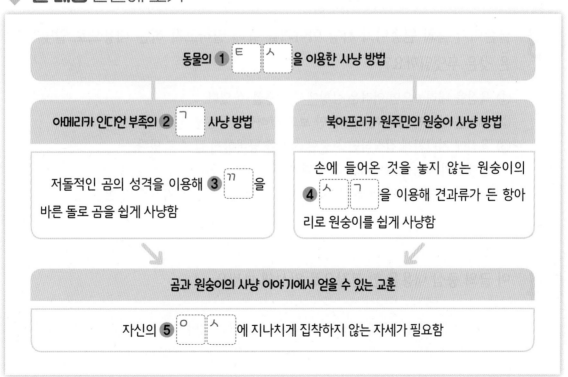

동물의 1 [ㅌ][ㅅ]을 이용한 사냥 방법

아메리카 인디언 부족의 2 [ㄱ] 사냥 방법

북아프리카 원주민의 원숭이 사냥 방법

저돌적인 곰의 성격을 이용해 3 [ㄲ]을 바른 돌로 곰을 쉽게 사냥함

손에 들어온 것을 놓지 않는 원숭이의 4 [ㅅ][ㄱ]을 이용해 견과류가 든 항아리로 원숭이를 쉽게 사냥함

곰과 원숭이의 사냥 이야기에서 얻을 수 있는 교훈

자신의 5 [ㅇ][ㅅ]에 지나치게 집착하지 않는 자세가 필요함

글을 이해해요

내용 이해

01 동물의 특성을 이용한 사냥 방법에 대한 설명이 맞으면 ○, 틀리면 ✕ 표시를 하세요.

1 곰은 나뭇가지에 매달린 꿀을 바른 돌을 손에서 놓지 않아 아메리카 인디언들에게 잡히고 만다. [○ / ✕]

2 북아프리카 원주민들은 원숭이의 손이 겨우 들어갈 정도의 입구가 좁은 항아리 안에 원숭이가 좋아하는 먹잇감을 집어넣는다. [○ / ✕]

내용 이해

02 ㄱ~ㄹ을 곰의 사냥 과정에 맞게 바르게 나열한 것은 무엇인가요? [ ]

> ㄱ 큰 돌덩이에 꿀을 잔뜩 바른다.
> ㄴ 곰이 자신의 머리를 세게 친 돌에 계속 맞아 쓰러진다.
> ㄷ 곰이 꿀을 먹으려고 앞발을 든 채 돌을 잡으려고 달려든다.
> ㄹ 꿀 바른 돌을 곰이 서 있을 때의 머리 높이 정도로 나뭇가지에 매단다.

① ㄱ → ㄴ → ㄹ → ㄷ   ② ㄱ → ㄹ → ㄷ → ㄴ   ③ ㄴ → ㄱ → ㄹ → ㄷ
④ ㄷ → ㄴ → ㄱ → ㄹ   ⑤ ㄹ → ㄷ → ㄴ → ㄱ

내용 추론

03 글쓴이가 곰과 원숭이의 사냥 이야기를 통해 말하고자 하는 내용으로 알맞지 <u>않은</u> 것은 무엇일까요? [ ]

① 욕심을 내려놓으면 어려운 상황에서 탈출할 수 있다.
② 주변을 살피지 않은 채 목표물만 보고 달려들어서는 안 된다.
③ 욕심에 지나치게 집착하면 소중한 시간을 낭비하게 될 수도 있다.
④ 상대방의 특성을 파악하고 그에 따라 준비하면 손쉽게 이길 수 있다.
⑤ 중요한 것을 지키기 위해서는 가진 것을 어느 하나 포기하지 말아야 한다.

중심 내용 쓰기

04 이 글의 중심 내용을 한 문장으로 완성해 보세요.

> 곰과 원숭이의 특성을 이용하여 손쉽게 사냥하는 이야기를 통해 우리는 자신의 욕심에 ✎＿＿＿＿＿＿＿＿＿ 가 필요함을 배울 수 있다.

어휘를 익혀요

정답과 해설 31쪽

01 다음 낱말의 뜻을 찾아 바르게 연결해 보세요.

1 수렵 •

2 특성 •

3 반작용 •

• ㄱ 일정한 사물에만 있는 특수한 성질

• ㄴ 총이나 활 또는 길들인 매나 올가미 따위로 산이나 들의 짐승을 잡는 일

• ㄷ 어떤 움직임에 대하여 그것을 거스르는 반대의 움직임이 생겨남. 또는 그 움직임

02 다음 문장의 괄호 안에 들어갈 알맞은 낱말을 골라 보세요.

1 게임만 하면서 아까운 시간을 [낭비할 / 저축할] 수는 없다.

2 돈보다 소중한 것들이 많으니 돈에 너무 [집착하지 / 포착하지] 말자.

3 그 권투 선수는 [수동적인 / 저돌적인] 공격으로 상대를 밀어붙여 승리했다.

03 보기에서 알맞은 낱말을 골라 다음 문장을 바르게 완성하세요.

보기
| 습관 | 욕심 | 반작용 | 생포되다 | 탈출하다 |

1 윤봉길 열사는 폭탄을 던진 후 ☐☐되어 감옥에 갇혔다.

2 놀부는 ☐☐이 많아 제비 다리를 부러뜨렸다가 벌을 받았다.

3 로켓이 가스를 내뿜으면 ☐☐☐으로 가스가 로켓을 밀어 발사한다.

59

14 임금님은 일식이 걱정이야

① 지구는 태양 주변을 돌고, 달은 지구 주변을 돈다. 그러다가 '태양 – 달 – 지구' 순으로 일직선에 놓이는 순간이 있는데, 이때에는 달이 태양과 지구 사이에 놓여 태양을 일부 또는 전부 가리는 현상인 일식이 펼쳐진다. 일식이 일어나면 대낮에도 주변이 밤처럼 캄캄해진다. 오늘날은 과학의 발달로 일식이 일어나는 이유도 밝혀지고 사람들이 일식을 재미있는 구경거리로 여기기도 한다. 그럼 옛날 사람들은 어땠을까?

② 예로부터 태양은 모든 생명의 원천으로 왕을 상징하였다. 그래서 태양이 빛을 잃는 현상을 불길한 징조로 여기고, 덕이 부족한 왕에게 하늘이 내리는 경고라고 믿으며 두려워하였다. 조선 시대 기록에는 일식이 일어나면 왕과 신하들이 소복을 입고 북을 치며 다시 태양이 나오기를 기다렸다는 내용이 있다. 이렇게 태양을 구하는 의식을 '구식례'라고 한다. 당시 우리 선조들은 일식이 일어나는 정확한 원인은 알지 못하였지만 어떠한 때가 되면 '일어날 일'이라는 것은 알고 있었고, 일식이 일어날 때를 예측하는 것을 매우 중시하였다.

③ 우리 선조들이 일식을 두려워하기만 한 것은 아니다. 당시 조선은 중국 명나라에서 받아온 달력을 사용하고 있었다. 하지만 ㉠이 달력에서 예측한 일식이 일어날 날과, 조선에서 실제 일식이 일어나는 날은 달랐다. 이것을 보고 세종은 중국 달력이 우리나라와 맞지 않는다는 것을 깨달았다. 중국의 북경과 조선의 한양은 지리적 위치가 달라 일식이 일어나는 시간도 달랐던 것이다. 이후 세종은 우리에게 꼭 맞는 달력을 만들기 위해 천체를 연구하는 일에 지원을 아끼지 않았고 그 결과 '간의, 앙부일구, 자격루' 등 많은 기구가 만들어졌다. 간의는 행성과 별의 위치 등을 관측하는 기구이고, 앙부일구는 그릇 안쪽에 눈금을 새기고 바늘을 꽂아, 이 바늘의 그림자가 가리키는 눈금으로 시각을 측정하는 해시계이다. 자격루는 물받이 통에 물이 고이면 스스로 소리를 내서 시간을 알리는 물시계이다.

간의

앙부일구

자격루

④ 그렇게 20여 년의 노력을 들인 끝에 세종은 한양을 기준으로 태양이 뜨고 지는 시간을 찾아낸 달력을 완성하였다. '칠정산'이라는 달력이 그것이다. 이 달력은 1년을 365.2425일, 1달을 29.530593일로 정하고 있는데, 이 수치는 오늘날과 크게 차이가 없다. 당시 자기 나라에 꼭 맞는 달력을 만들 수 있는 나라는 아랍과 중국밖에 없었다. 두 나라에 이어 자신만의 달력으로 일식을 예측할 수 있었던 나라가 바로 조선이다. 일식을 더 정확히 알기 위하여 천체에 관심을 두고 많은 연구를 한 결과 조선의 과학 기술이 크게 발달할 수 있었다.

◆ **원천**: 사물이 나거나 생기는 근원
◆ **징조**: 어떤 일이 생길 기미
◆ **천체**: 우주에 있는 모든 물체
◆ **지원**: 무엇 또는 어떤 일을 뒷받침하여 도움
◆ **관측하는**: 자연 현상 특히 천체나 기상의 상태, 변화 등을 관찰하여 어떤 사실을 알아내는

≫ 글 내용 한눈에 보기 ●●●

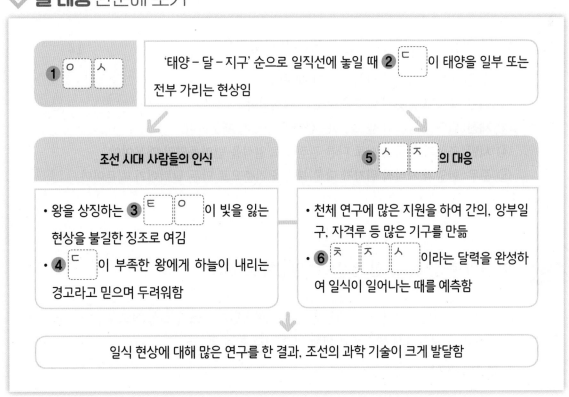

1 [ㅇ][ㅅ] | '태양 – 달 – 지구' 순으로 일직선에 놓일 때 ② [ㄷ] 이 태양을 일부 또는 전부 가리는 현상임

조선 시대 사람들의 인식

• 왕을 상징하는 ③ [ㅌ][ㅇ] 이 빛을 잃는 현상을 불길한 징조로 여김
• ④ [ㄷ] 이 부족한 왕에게 하늘이 내리는 경고라고 믿으며 두려워함

⑤ [ㅅ][ㅈ] 의 대응

• 천체 연구에 많은 지원을 하여 간의, 앙부일구, 자격루 등 많은 기구를 만듦
• ⑥ [ㅊ][ㅈ][ㅅ] 이라는 달력을 완성하여 일식이 일어나는 때를 예측함

일식 현상에 대해 많은 연구를 한 결과, 조선의 과학 기술이 크게 발달함

내용 이해

01 이 글의 내용과 일치하지 <u>않는</u> 것은 무엇인가요? [✎   ]

① 일식이 일어나면 주변이 밤처럼 캄캄해진다.
② 조선의 왕과 신하들은 일식이 일어나면 태양을 구하는 의식을 치렀다.
③ 세종이 완성한 달력의 일 년, 한 달의 수치는 오늘날과 큰 차이가 없다.
④ 우리 선조들은 백성이 덕을 쌓으면 일식이 일어나지 않을 것이라 믿었다.
⑤ 조선 세종 때 일식을 연구한 결과 간의, 앙부일구, 자격루 등이 만들어졌다.

내용 추론

02 다음 그림에서 일식이 일어날 때의 달의 위치를 골라 ○ 표시를 하세요.

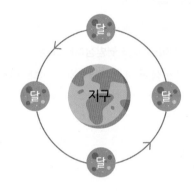

내용 비판

03 ㉠의 이유를 바르게 이해한 학생은 누구일까요? [✎   ]

① **주은**: 왕이 구식례를 하지 않았기 때문이야.
② **석현**: 중국이 잘못된 달력을 주었기 때문이야.
③ **재진**: 달력을 정확히 볼 줄 아는 신하가 없었기 때문이야.
④ **서빈**: 조선과 중국이 서로 다른 관점으로 일식을 받아들였기 때문이야.
⑤ **준우**: 한양과 지리적 위치가 다른 북경을 기준으로 만든 달력이기 때문이야.

중심 내용 쓰기

04 이 글의 중심 내용을 한 문장으로 완성해 보세요.

> 　　과거 우리 선조들은 달이 태양을 가리는 현상인 일식을 불길한 징조로 여겼는데, 세종
> 은 일식을 정확하게 예측하기 위해 많은 연구를 하여 ✎＿＿＿＿＿＿＿＿＿＿＿＿＿
> 할 수 있었다.

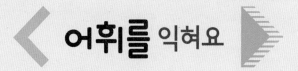
01 다음 낱말에 대한 설명이 맞으면 ○, 틀리면 ✕ 표시를 하세요.

1 '징조'는 어떤 일이 생길 기미를 뜻한다. [○ / ✕]

2 '관측'은 어떤 일이나 물건을 정상적인 상태로 유지하도록 책임지고 보살피며 다루는 것을 뜻한다. [○ / ✕]

3 '지원'은 무엇 또는 어떤 일을 뒷받침하여 돕는 것을 뜻하며, '뒷바라지'나 '원조'와 바꾸어 쓸 수 있다. [○ / ✕]

02 제시된 뜻과 예문을 참고하여 다음 초성에 해당하는 낱말을 빈칸에 쓰세요.

1 ㅊ ㅊ : 우주에 있는 모든 물체

예 우리는 보통 태양 주변을 도는 (   )를 행성이라고 한다.

2 ㅇ ㅊ : 사물이 나거나 생기는 근원

예 문화는 민족을 하나로 뭉치게 하는 힘의 (   )이 된다.

3 ㅂ ㄱ 하다: 운수 따위가 좋지 아니하다. 또는 일이 예사롭지 아니하다.

예 어제 (   )한 꿈을 꾸어서 기분이 영 좋지 않다.

03 보기 에서 알맞은 낱말을 골라 다음 문장을 바르게 완성하세요.

보기

선조   의식   일식   발달하다   예측하다

1 ☐☐ 들이 남겨 준 문화유산을 소중하게 보존해야 한다.

2 달이 태양의 일부나 전부를 가리는 현상을 ☐☐ 이라고 한다.

3 두 팀의 실력이 비슷해서 누가 이길지 도무지 ☐☐ 할 수 없다.

15 어린이 게임 중독, 문제야

❶ 2019년 세계보건기구(WHO)는 일상생활에 문제가 될 정도로 지나치게 게임에 몰입하는 '게임 중독'을 질병으로 분류하였다. 이에 우리나라에서도 게임 중독을 치료가 필요한 질병으로 인정하려는 움직임을 보이고 있다. 2021년 한국콘텐츠진흥원에서 게임 과몰입 실태를 조사한 결과, 어린이들의 게임 이용 횟수와 시간이 최근 몇 년간 계속 증가한 것으로 나타났다. 특히 자기 조절 능력이 부족한 어린이에게 컴퓨터 및 스마트폰 게임의 중독성은 치명적이라는 점에서 어린이 게임 중독의 문제가 사회적으로도 큰 관심을 받고 있다.

❷ 어린이들이 게임에 중독되면 어떤 문제가 생길까? 먼저 게임 중독은 어린이의 성장을 저해할 수 있다. 오랜 시간 같은 자세로 게임을 하면 목, 허리 등에 무리가 가고 시력이 나빠진다. 게다가 게임에 빠져 충분한 수면을 취하지 않고 식사를 거르면 건강을 해치기 쉽다. 다음으로 게임 중독은 가족과의 갈등을 가져올 수 있다. 어린이들이 지나치게 게임에 집중하여 가족과 함께하는 시간이 줄어들면 가족과의 갈등이 생기고, 가족과의 갈등으로 더욱 게임에 의지하는 악순환을 겪을 수 있다. 끝으로 게임 중독은 사회 부적응을 초래하거나 폭력적인 성

향을 촉발할 수 있다. 게임을 하느라 사회생활에 소홀해지면 주변 사람들과 멀어지고 친구를 사귀기도 어렵다. 나아가 게임 중독이 심해지면 가상의 상황이나 캐릭터에 몰입하여 혼란을 겪고, 게임에서 하던 폭력적인 행동을 실제 생활에서 보이는 경우도 있다.

❸ 어린이에게 게임을 무작정 못하게 하면 불안 증세가 나타날 정도로 게임 중독에서 벗어나는 것은 어렵다고 한다. 그렇다면 게임 중독을 예방하기 위해 어린이들이 할 수 있는 노력에는 무엇이 있을까? 첫째, 게임을 할 시간을 미리 정해야 한다. 정해진 시간 동안 게임을 하게 되면 게임에 지나치게 많은 시간을 쓰지 않고 스스로 조절할 수 있는 힘이 생긴다. 둘째, 게임을 할 장소를 거실과 같은 공동 장소로 정해야 한다. 그래야 가족들의 도움을 받아 게임을 하는 시간을 줄일 수 있을 뿐만 아니라 폭력적인 게임을 피할 수도 있다. 셋째, 운동이나 여행과 같은 건전한 취미 생활을 찾아본다. 실내에서 혼자 하는 게임보다는 야외에서 가족이나 친구와 함께할 수 있는 활동적인 취미를 갖게 되면 자연스럽게 게임을 하는 시간을 줄일 수 있다.

④ 최근 온라인 교육의 활성화로 컴퓨터와 스마트폰을 사용하는 어린이가 급속도로 늘어나면서 어린이들의 게임 이용 시간도 증가하였다. 어린이들이 게임을 피할 수 없는 상황이라면 정해진 시간에, 공동의 장소에서 게임을 하거나 게임을 대신해서 할 수 있는 건강한 취미 생활을 찾는 등 게임 중독을 예방하기 위해 노력해야 한다. 이와 함께 어린이들을 지원하는 가정과 학교의 관심, 어린이를 보호하기 위한 사회적 장치와 프로그램도 뒷받침되어야 할 것이다.

◆ **몰입하는**: 깊이 파고들거나 빠지는
◆ **실태**: 있는 그대로의 상태
◆ **저해할**: 막아서 못 하도록 해칠
◆ **촉발할**: 어떤 일을 당하여 감정, 충동 따위가 일어날

❖ 글 내용 한눈에 보기 ●●●

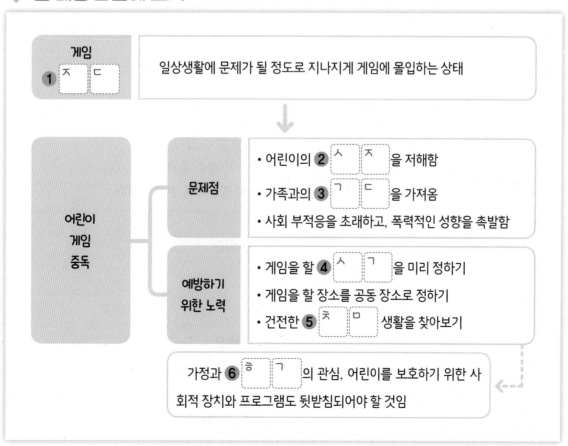

| 게임 ① ㅈ ㄷ | 일상생활에 문제가 될 정도로 지나치게 게임에 몰입하는 상태 |

어린이 게임 중독

문제점
• 어린이의 ② ㅅ ㅈ 을 저해함
• 가족과의 ③ ㄱ ㄷ 을 가져옴
• 사회 부적응을 초래하고, 폭력적인 성향을 촉발함

예방하기 위한 노력
• 게임을 할 ④ ㅅ ㄱ 을 미리 정하기
• 게임을 할 장소를 공동 장소로 정하기
• 건전한 ⑤ ㅊ ㅁ 생활을 찾아보기

가정과 ⑥ ㅎ ㄱ 의 관심, 어린이를 보호하기 위한 사회적 장치와 프로그램도 뒷받침되어야 할 것임

내용 이해

01 어린이 게임 중독을 예방하는 방법으로 알맞지 <u>않은</u> 것은 무엇인가요? [✎   ]

① 미리 시간을 정하고 게임을 한다.
② 거실과 같은 공동의 장소에서 게임을 한다.
③ 가족의 도움을 받아 게임을 하는 시간을 조절한다.
④ 운동이나 여행과 같은 건강하고 건전한 취미 생활을 찾는다.
⑤ 자기 조절 능력이 부족한 어린이는 게임을 아예 하지 못하게 한다.

내용 추론

02 이 글에 나타난 글쓴이의 주장으로 알맞은 것은 무엇일까요?   [✎   ]

① 게임 중독은 치료가 안 되는 질병이다.
② 어린이 스스로 게임 중독에서 벗어나는 일은 어렵지 않다.
③ 어린이 게임 중독을 예방하기 위하여 모두가 함께 노력해야 한다.
④ 게임에 중독된 어린이들은 가족이나 친구들과 갈등을 겪을 수 있다.
⑤ 게임 중독이 심해지면 게임에서 하던 폭력적인 행동을 실제 생활에서도 할 수 있다.

내용 비판

03 보기 는 이 글에 제시된 내용이에요. 보기 의 ㄱ~ㄹ을 사실과 의견으로 분류한 후, 그 기호를 쓰세요.

> **보기**
> ㄱ 게임에 중독되면 새로운 친구를 사귀기 어렵다.
> ㄴ 건강한 취미 생활을 찾으면 게임 중독을 예방할 수 있다.
> ㄷ 우리나라 어린이들의 게임 이용 횟수와 시간이 계속 증가하였다.
> ㄹ 2019년 세계보건기구(WHO)는 게임 중독을 질병으로 분류하였다.

❶ 사실: [ ] , [ ]　　　　　❷ 의견: [ ] , [ ]

중심 내용 쓰기

04 이 글의 중심 내용을 한 문장으로 완성해 보세요.

> 어린이 게임 중독은 여러 가지 문제점을 유발하므로 어린이는 물론 가정과 학교, 사회
> 모두 ✎ _____ 을 위해 노력해야 한다.

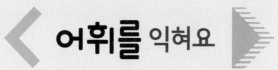
01 다음 낱말의 뜻을 찾아 바르게 연결해 보세요.

1 과몰입 •

2 부적응 •

3 악순환 •

• ㄱ 나쁜 현상이 끊임없이 되풀이됨

• ㄴ 지나치게 깊이 파고들거나 빠짐. 또는 그런 상태

• ㄷ 일정한 조건이나 환경 따위에 맞추어 응하지 못함

02 제시된 뜻과 예문을 참고하여 다음 초성에 해당하는 낱말을 빈칸에 쓰세요.

1 ㅈ ㅎ 하다: 막아서 못 하도록 해치다.

예 교통 문제가 우리 지역의 발전을 (   )한다.

2 ㅊ ㅂ 하다: 어떤 일을 당하여 감정, 충동 따위가 일어나다.

예 나의 오해가 친구들 간의 다툼을 (   )하였다.

3 ㅇ ㅂ 하다: 질병이나 재해 따위가 일어나기 전에 미리 대처하여 막다.

예 산불은 한번 나면 그 피해가 크므로, 산불이 나지 않게 철저히 (   )해야 한다.

03 보기에서 알맞은 낱말을 골라 다음 문장을 바르게 완성하세요.

보기

갈등   실태   중독   몰입하다   초래하다

1 우리 모둠은 하천 주변의 환경 오염 [ ][ ]를 조사하기로 했다.

2 지나치게 게임에 [ ][ ]하면 게임과 현실을 혼동하는 경우가 발생한다.

3 납 그릇에 담은 음식물을 자주 먹으면 납 [ ][ ] 증세가 나타나 생명이 위험할 수 있다.

16 잘 쓰자! 신조어

1 '소확행, ㅇㅈ' 등은 사회가 변화하고 인터넷 문화가 급속도로 발달하면서 새로 생긴 말이다. 신조어는 새롭게 등장한 개념 및 물건에 이름이 필요하거나 원래 있던 대상이라도 새로운 이름이 필요한 경우, 새로운 매체에서 사용하기 편리한 말이 필요한 경우에 만들어진다. 신조어 중에는 유행어처럼 일정 기간 사용되다가 사라지는 것도 있고, 시간이 흘러도 계속 사용되는 것도 있다.

2 신조어를 만드는 방법은 다양하다. 먼저 '소확행(소소하지만 확실한 행복)'처럼 단어의 앞 글자를 따서 말을 줄이는 방법이 있다. 'ㅇㅈ(인정)'처럼 각 글자의 첫 번째 자음만 적는 방법으로 말을 만들기도 한다. 그 외에도 글자의 모양이 비슷한 것에 주목해서 만드는 경우도 있다. '귀엽다'와 글자 모양이 비슷해서 사용되는 '커엽다'가 그 예이다.

3 그렇다면 사람들이 신조어를 즐겨 쓰는 이유는 무엇일까? 먼저 의사소통의 경제성을 들 수 있다. 말을 줄이거나 글자의 첫 번째 자음만 적으면 내용을 전하는 데 들이는 시간이 절약되어 의사소통을 빠르게 할 수 있다. 또한, 신조어는 사람들에게 즐거움을 주고 이런 말을 사용하는 사람들 간에 친밀감을 느끼게 한다. '귀엽다'를 뜻하는 '커엽다'와 같은 표현은 의사소통을 빠르게 하는 데 도움이 되지는 않지만 그러한 신조어를 사용하는 사람들끼리 친근하다는 느낌을 느끼게 한다.

4 하지만 신조어에는 이렇게 긍정적인 면만 있는 것은 아니다. 신조어는 참신함을 추구하는 젊은 세대가 주도적으로 사용하기 때문에 어른 세대는 그 뜻을 모르는 경우가 많다. 세대 간에 의사소통이 제대로 이루어지지 않으면 이는 세대 간 단절로까지 이어질 수 있다. 더 큰 문제는 신조어 중에 한글을 파괴하는 말이 많다는 점이다. 신조어에는 줄임 말이나 영어, 일본어 등을 우리말과 합친 국적 불명의 합성어가 많다. 편리함을 위해 단어를 소리 나는 대로 쓰거나 띄어쓰기를 지키지 않기도 한다. 이러한 말들이 남발되다 보면 결국 표준어나 맞춤법 사용에 혼란이 생길 수밖에 없다.

68

5 신조어 중에는 잠시 유행했다가 사라지는 말도 있지만 오랜 기간 사용되면서 표준어로 정착되는 말도 있다. 변화하는 시대에 맞추어 새로 생겨난 신조어를 사용하는 것은 자연스러운 언어 현상이고, 신조어를 잘 활용한다면 우리말의 어휘와 표현이 풍부해질 수 있다. 그러나 앞서 살펴본 것처럼 신조어를 무분별하게 사용할 경우 나타나는 부정적인 면도 무시할 수 없다. 그러므로 신조어가 우리의 언어생활을 풍부하게 해 줄 수 있는 말이라면 살려 쓰고, 저급하거나 한글을 파괴하는 것이라면 되도록 사용하지 않는 것이 좋다.

◆ **경제성**: 재물, 노력, 시간 따위가 적게 들면서도 이득이 되는 성질
◆ **남발되다**: 어떤 말이나 행동 따위가 자꾸 함부로 행해지다.
◆ **무분별하게**: 사리에 맞게 판단하고 구별하는 능력이 없게

≫ 글 내용 한눈에 보기 •••

신조어	뜻	사회가 변화하고 인터넷 문화가 급속도로 발달하면서 새로 생긴 말
	만드는 방법	• '소확행'처럼 단어의 앞 글자를 따서 말을 줄임 • 'ㅇㅈ(인정)'처럼 각 글자의 첫 번째 **1** ㅈ ㅇ 만 적음 • '커엽다'처럼 글자 **2** ㅁ ㅇ 이 비슷한 것을 사용함

신조어 사용의 긍정적인 면
• **3** ㅇ ㅅ ㅅ ㅌ 을 빠르게 할 수 있음
• 신조어를 사용하는 사람들끼리 친밀감을 느끼게 함

신조어 사용의 부정적인 면
• **4** ㅅ ㄷ 간의 의사소통이 제대로 이루어지지 않을 수 있음
• 신조어 중 한글을 파괴하는 경우가 많아, 표준어나 맞춤법 사용에 혼란이 생김

글쓴이의 의견	우리의 언어생활을 풍부하게 해 주는 **5** ㅅ ㅈ ㅇ 는 살려 쓰고, 저급하거나 한글을 파괴하는 신조어는 되도록 사용하지 말자.

내용 이해

01 신조어에 대한 설명으로 알맞지 <u>않은</u> 것은 무엇인가요?   [✎   ]

① 사회의 변화에 따라 새롭게 만들어진 말이다.
② 모든 신조어는 유행어처럼 일정 기간 사용되다가 사라진다.
③ 원래 있던 대상에 새로운 이름이 필요한 경우에 만들어진다.
④ 새롭게 등장한 개념이나 물건에 이름이 필요한 경우에 만들어진다.
⑤ 최근 인터넷 문화가 발달하면서 인터넷에서 사용하기 편리한 말이 생기고 있다.

내용 추론

02 보기와 같은 방법으로 만들어진 신조어는 무엇일까요?   [✎   ]

> **보기**
>
> ◁ 맛점(맛있는 점심)   ◁ 취존(취향 존중)

① ㅇㅇ(응)   ② 띵언(명언)   ③ 커엽다(귀엽다)
④ 비담(비주얼 담당)   ⑤ ㅂㅂㅂㄱ(반박 불가)

내용 비판

03 이 글을 읽고 신조어 사용에 대해 찬반 의견이 나뉘었습니다. 의견에 대한 근거로 알맞지 <u>않은</u> 것은 무엇일까요?   [✎   ]

① **찬성편** 신조어를 사용하면 빠르게 의사소통할 수 있으니 경제적이야.
② **반대편** 하지만 경제적으로 말하기 위해 한글을 파괴하는 것은 옳지 않아.
③ **찬성편** 신조어를 사용하는 사람들끼리 친근감을 느끼고 가까워질 수 있어.
④ **반대편** 그런데 신조어를 잘 모르는 사람은 소외감을 느낄 수 있지 않을까?
⑤ **찬성편** 신조어를 통해 젊은 세대와 어른 세대가 보다 원활하게 소통할 수 있어.

중심 내용 쓰기

04 이 글의 중심 내용을 한 문장으로 완성해 보세요.

> 신조어는 사용자끼리 친밀감을 느끼며 의사소통을 빠르게 할 수 있다는 긍정적인 면이 있지만, 세대 간에 원활한 의사소통을 방해하는 등의 부정적인 면도 있기 때문에 ✎＿＿＿＿＿＿＿＿＿＿＿＿은 살려 쓰되, 무분별하게 사용하지 않는 것이 좋다.

01 다음 낱말에 대한 설명이 맞으면 ◯, 틀리면 ✕ 표시를 하세요.

❶ '저급'은 내용, 성질, 품질 따위의 정도가 낮음을 뜻한다. [◯ / ✕]

❷ '남발'은 어떤 말이나 행동 따위를 자꾸 함부로 함을 뜻한다. [◯ / ✕]

❸ '무분별'은 사리에 맞게 판단하고 구별하는 능력이 있음을 뜻한다. [◯ / ✕]

02 제시된 뜻과 예문을 참고하여 다음 초성에 해당하는 낱말을 빈칸에 쓰세요.

❶ ㅂ ㅁ : 분명하지 않음

예 할아버지께서 원인 (   )의 병에 걸리셨다.

❷ ㄷ ㅈ : 어떤 대상과의 관계나 교류를 끊음

예 우리 가족은 대화의 (   )이 심각한 문제이다.

❸ ㅊ ㅁ ㄱ : 지내는 사이가 매우 친하고 가까운 느낌

예 누나가 상냥하게 말을 붙여서 왠지 모를 (   )을 느꼈다.

03 다음 문장에 들어갈 알맞은 낱말을 보기에서 찾아 쓰세요.

> **보기**
>
> 국적   세대   유행   경제성   주도적

❶ 할머니와 손자가 [   ] 차이를 느끼는 것은 당연하다.

❷ 유이는 모둠 활동을 [   ]으로 이끄는 조장을 맡았다.

❸ 학생들 사이에서 잠시 [   ]처럼 번지다가 곧 사라지는 말들이 참 많다.

빛의 세계

❶ 우리는 '햇빛'이라고 하면 우리 눈에 보이는 빛을 떠올린다. 하지만 이것은 빛의 일부일 뿐 우리 눈으로 볼 수 없는 빛들이 훨씬 더 많다. 빛은 물결처럼 반복된 무늬를 만들며 퍼져 나가는데, 이 물결무늬에서 같은 높이를 가진 두 점 사이의 거리를 파장이라고 한다. 태양에서 나오는 빛인 태양 광선은 이 파장의 길이에 따라 적외선, 가시광선, 자외선 등으로 구분한다. 그럼 각각의 빛들이 가진 특징들을 차례로 살펴보자.

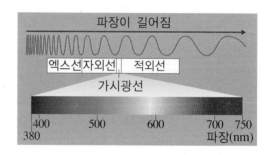

❷ 먼저 가시광선은 태양에서 오는 빛 중 사람의 눈으로 볼 수 있는 빛이다. 햇빛을 유리로 된 프리즘에 통과시키면 일곱 가지 무지개 빛깔을 확인할 수 있는데, 빨간색일수록 파장이 길고 보라색일수록 파장이 짧다. 가시광선의 각 빛깔은 저마다 반사율과 흡수율이 달라서 우리는 물체가 반사한 빛을 통해 사물의 색을 구별할 수 있다. 예를 들어 빨간색 사과는 빛 속에 있는 색깔 중 빨간색 빛만 반사하고 다른 색깔의 빛은 흡수하기 때문에 우리 눈이 사과를 빨간색으로 인식한다. 또 가시광선은 식물이 영양분을 만들 수 있도록 광합성을 돕기 때문에 인간을 비롯한 모든 생명체에게 매우 중요하다.

❸ 적외선은 가시광선의 빨간빛 바깥쪽에 있다고 하여 붙여진 이름으로 우리 눈에 보이지 않는 빛이다. 적외선은 열을 가지고 있어 열선이라고도 부르는데, 우리가 햇빛을 받았을 때 따뜻하게 느껴지는 이유가 바로 여기에 있다. 이러한 특성을 이용한 적외선 치료기는 우리 몸의 혈액 순환을 돕고 통증을 감소시키는 데 도움을 준다. 한편 사람의 몸에서도 적외선이 방출되는데, 이를 감지해 저절로 작동하도록 하는 자동 센서 전등이나 자동문도 있다. 또한 열화상 카메라도 사람의 몸에서 적외선을 감지해 온도를 파악하는 특수 카메라이다.

❹ 자외선은 가시광선의 보랏빛 바깥쪽에 있다고 하여 붙여진 이름으로 우리 눈에 보이지 않는 빛이다. 자외선은 화학 작용이 강해서 화학선이라고도 부른다. 자외선에는 각종 세균을 죽이는 살균 효과가 있어 자외선 살균기로 의료 기구나 그릇을 소독할 수 있다. 햇빛 좋은 날 이불을 널어 두는 것도 자외선의 살균 작용을 통해 이불에 있는 세균이나 진드기를 죽이는 것이다. 또한 자외선은 몸 안에서 비타민 D를 생성하는 데 도움을 주기도 한다. 하

지만 자외선에 지나치게 노출되면 화상을 입거나 눈이 손상되는 등 인체에 해를 끼치기도 한다.

5 이외에도 태양 광선에는 우리 눈에 보이지 않는 엑스(X)선도 있다. 엑스선은 사람의 살은 통과하지만 뼈나 금속은 통과하지 못한다. 이러한 성질을 이용해 병원에서는 인체의 골격 사진을 찍고, 공항에서는 가방 속 금속을 검사한다. 이 밖에도 태양 광선에는 우리 눈에 보이는 빛 외에 보이지 않는 빛이 더 많다. 아직도 밝혀지지 않은 빛의 비밀을 더 찾아낸다면 빛은 우리에게 또 다른 세상을 보여 줄 것이다.

◆ **반사한:** 빛이나 전파 등이 어떤 물체의 표면에 부딪혀서 나아가던 방향이 반대로 바뀐
◆ **방출되는데:** 열, 빛, 전파의 형태로 에너지를 내보내는데
◆ **감지해:** 느끼어 알아
◆ **손상되는:** 병이 들거나 다치는

⌄⌄ 글 내용 한눈에 보기 ●●●

파장의 길이에 따라 다양한 빛으로 구분되는 **1** `ㅌ` `ㅇ` 광선

가시광선	• 사람의 **2** `ㄴ` 으로 볼 수 있는 빛으로 일곱 가지 무지개 빛깔을 가짐 • 사물의 색을 구별하게 하고, 식물의 **3** `ㄱ` `ㅎ` `ㅅ` 을 도움
적외선	• 우리 눈에 보이지 않는, 빨간빛 바깥쪽의 빛으로 **4** `ㅇ` `ㅅ` 이라고도 부름 • 적외선 치료기, 자동 센서 전등이나 자동문, 열화상 카메라 등에 활용됨
자외선	• 우리 눈에 보이지 않는, 보랏빛 바깥쪽의 빛으로 화학선이라고도 부름 • **5** `ㅅ` `ㄱ` 작용, 비타민 D 생성에 도움을 주는 한편 인체에 해를 끼치기도 함
엑스(X)선	• 우리 눈에 보이지 않는 빛으로 사람의 **6** `ㅃ` 나 금속은 통과하지 못함 • 인체의 골격 사진 촬영, 가방 속 금속 검사 등에 활용됨

내용 추론

01 다음 ㄱ~ㄷ 중 이 글을 읽고 답을 확인할 수 있는 질문이 <u>아닌</u> 것을 찾아 기호를 쓰세요. [✎   ]

> ㄱ 적외선이 인체에 미치는 피해는 무엇인가?
> ㄴ 태양 광선은 모두 우리 눈으로 볼 수 있는가?
> ㄷ 병원에서 인체의 골격을 확인하는 촬영은 어떤 빛을 이용하는가?

내용 이해

02 가시광선에 대한 설명으로 알맞은 것은 무엇인가요? [✎   ]

① 보라색일수록 파장이 길다.
② 사람의 눈으로 볼 수 없는 빛이다.
③ 실제로 아무 색도 나타내지 않는다.
④ 식물의 광합성을 돕기 때문에 생명체에게 중요하다.
⑤ 빨간색 물체는 빨간빛만 흡수하기 때문에 빨갛게 보인다.

내용 추론

03 다음 중 빛의 종류가 <u>다른</u> 하나는 무엇일까요? [✎   ]

① 열화상 카메라에 사용된다.
② 햇빛을 받았을 때 따뜻하게 느껴진다.
③ 비타민 D를 생성하는 데 도움을 준다.
④ 자동 센서 전등이나 자동문에 이용된다.
⑤ 우리 몸의 혈액 순환 및 통증 치료에 활용된다.

중심 내용 쓰기

04 이 글의 중심 내용을 한 문장으로 완성해 보세요.

> 태양 광선에는 우리 눈에 보이는 빛인 가시광선과 우리 눈에 보이지 않는 빛인
> ✎ _____ 등이 있는데, 각각의 빛들이 서로 다른 특징을 지니고
> 있기 때문에 다양한 분야에서 활용되고 있다.

01 다음 낱말의 뜻을 찾아 바르게 연결해 보세요.

① 살균 •

② 손상 •

③ 반사 •

• ㄱ 병이 들거나 다침

• ㄴ 약품이나 열 등으로 세균 등의 미생물을 죽임

• ㄷ 빛이나 전파 등이 어떤 물체의 표면에 부딪혀서 나아가던 방향이 반대로 바뀜

02 다음 문장의 괄호 안에 들어갈 알맞은 낱말을 골라 보세요.

① 바람의 힘으로도 전기 에너지를 [무성할 / 생성할] 수 있다.

② 공항의 각 출입구에는 열을 [감소하는 / 감지하는] 카메라가 있다.

③ 선생님께서는 학생들이 오랜 시간 스마트폰에 [노출되는 / 진출되는] 것을 걱정하셨다.

03 보기 에서 알맞은 낱말을 골라 다음 문장을 바르게 완성하세요.

> 보기
>
> 순환   차단   통증   검사하다   방출되다

① 운동을 많이 하면 몸에서 열이 [   ][   ]된다.

② 우리 집은 창문이 커서 창문을 열면 공기 [   ][   ]이 잘 된다.

③ 손가락 수술이 잘 끝났는데 마취가 풀리니 [   ][   ]이 느껴졌다.

18 밤하늘의 보석, 별자리

❶ 밤하늘에는 수많은 별이 반짝이고 있다. 별의 위치를 정하기 위하여 밝은 별을 중심으로 별들을 묶은 것을 별자리라고 하는데, 서양에서 별자리의 기원은 기원전 3,000년 쯤으로 거슬러 올라간다. 당시 메소포타미아 지역에 살던 칼데아인은 가축을 키우며 초목을 따라 옮겨 다니는 생활을 하였으므로 밤하늘의 별을 볼 기회가 많았다. 이들이 밝은 별들을 연결하여 그것에 동물이나 영웅의 이름을 붙이기 시작하면서 별자리가 만들어졌다. 이후 천문학이 그리스에 전해지자 그리스인들이 별자리에 그리스 신화 속 인물들의 이름을 붙여 나갔다.

❷ 겨울철 밤하늘에 떠 있는 수많은 별 중에서 가장 아름답게 빛나는 별은 오리온자리일 것이다. 오리온자리는 60여 개의 별을 한데 묶어서 부르는 별자리로, 우리나라 겨울철 남쪽 밤하늘에서 두드러지게 보인다. 별 중에서 가장 밝게 보이는 1등성 별이 두 개나 있고, 1등성 다음으로 가장 밝게 보이는 2등성 별 세 개가 중간에 비스듬히 늘어서 있어서 화려하고 눈에 잘 띈다. 가장 밝게 빛나는 별을 어깨라고 보면 머리와 팔, 몸통, 다리를 가진 사람의 모습을 떠올릴 수 있다. 중앙에 있는 세 개의 별은 허리띠를 나타내고, 허리띠 아래의 세 개의 늘어진 별은 사람이 차고 있는 칼이라고 볼 수 있다. 또한 한쪽 손에는 몽둥이를, 다른 한쪽 손에는 방패를 들고 있어 용맹하게 짐승을 사냥하는 사냥꾼의 모습을 나타낸다.

❸ 오리온자리는 '오리온'이라는 그리스 신화에 나오는 거인 사냥꾼의 이름을 붙인 것이다. 오리온은 바다의 신 포세이돈의 아들로 달의 여신인 아르테미스와 사랑하는 사이였으나, 아르테미스의 오빠인 아폴론은 이들의 사랑을 반대하였다. 어느 날 아폴론은 바다 멀리서 사냥을 하고 있는 오리온을 발견하고는 묘수를 떠올렸다. 바로 오리온을 과녁으로 하여 아르테미스가 활을 쏘도록 하는 것이었다. 아폴론은 아르테미스에게 저 멀리 있는 황금색 과녁을 맞힐 수 없을 거라고 자극하였다. 아르테미스는 과녁이 오리온이라는 사실을 모른 채 활을 쏘아 과녁을 명중시켰다. 하지만 화살은 오리온을 관통하고 말았고, 뒤늦게 자신이 오리온을 죽였다는 사실을 알게 된 아르테미스는 큰 슬픔에 빠졌다. 제우스는 아르테미스를 가엾게 여겨 오리온을 밤하늘의 별자리로 만들어 항상 볼 수 있게 해 주었다.

4 오리온자리에 담긴 오리온과 아르테미스의 안타까운 사랑 이야기 말고도 밤하늘을 수놓는 여러 가지 별자리에는 다채롭고 신비로운 이야기들이 가득 담겨 있다. 지구에서 수백, 수천 광년 떨어져 있는 별들이지만 그 속에 담긴 아름다운 이야기를 듣고 있노라면 별들이 가깝게 느껴진다. 밤하늘의 별들이 들려주는 흥미로운 이야기에 더욱 관심을 갖고 귀를 기울여 보는 것은 어떨까?

◆ **기원**: 사물이나 현상이 처음으로 생김. 또는 그런 근원
◆ **초목**: 풀과 나무를 아울러 이르는 말
◆ **묘수**: 묘한 기술이나 꾀
◆ **관통하고**: 총알이나 화살이 무엇을 꿰어서 뚫고
◆ **광년**: 1초에 39만 킬로미터를 달리는 빛이 일 년 동안에 가는 거리. 천체들 사이의 거리를 재는 데에 씀

❱❱ 글 **내용** 한눈에 보기 ●●●

별자리	별의 **1** ⬚⬚(ㅇ ㅊ) 를 정하기 위하여 밝은 별을 중심으로 별들을 묶은 것	
오리온자리	**특징**	• 우리나라 **2** ⬚⬚(ㄴ ㅉ) 겨울철 밤하늘에서 보임 • 1등성 별 두 개와 2등성 별 세 개가 중간에 있어서 화려하고 눈에 잘 띔
	모습	• 가장 밝게 빛나는 별을 **3** ⬚⬚(ㅇ ㄲ) 라고 보면 사람의 형상임 • 양쪽 손에 몽둥이와 방패를 들고 있는 **4** ⬚⬚⬚(ㅅ ㄴ ㄲ) 이 나타남
	그리스 신화	**5** ⬚⬚⬚(ㅇ ㄹ ㅇ) 과 아르테미스의 사랑을 반대한 아폴론이 아르테미스를 속여 오리온을 죽게 하고, 제우스가 이를 가엾게 여겨 오리온을 **6** ⬚⬚⬚(ㅂ ㅈ ㄹ) 로 만듦

글을 이해해요

내용 이해

01 오리온자리에 대한 설명이 맞으면 ○, 틀리면 ✕ 표시를 하세요.

1 1등성 별과 2등성 별로만 구성되어 있어서 별자리 중에서 가장 밝다. [○ / ✕]

2 중앙에 있는 세 개의 별은 허리띠로, 그 위쪽 세 개의 별은 칼로 볼 수 있다. [○ / ✕]

내용 추론

02 이 글을 읽고 알 수 있는 내용은 무엇일까요? [✎   ]

① 하늘에서 볼 수 있는 별자리의 수
② 북극성의 위치가 변하지 않는 이유
③ 비슷하게 생긴 별자리를 구별하는 방법
④ 서양에서 별자리가 처음 만들어진 시기와 지역
⑤ 우리나라에서 계절별로 가장 잘 보이는 별자리의 예

내용 추론

03 우리나라에서 오리온자리가 가장 잘 보이는 조건을 정리하려고 합니다. 각 단계마다 알맞은 것에 ○ 표시를 하세요.

〈 1 단계〉 계절		→	〈 2 단계〉 때		→	〈 3 단계〉 방향	
봄	여름		새벽	아침		동쪽	서쪽
가을	겨울		점심	밤		남쪽	북쪽

내용 비판

04 오리온자리에 담긴 이야기를 잘못 이해한 반응은 무엇일까요? [✎   ]

① 오리온은 바다의 신의 아들이니 평범한 인간은 아니었겠군.
② 아르테미스는 멀리 있는 과녁도 명중시킬 수 있는 명사수였겠군.
③ 아르테미스의 오빠인 아폴론은 오리온을 마음에 들어 하지 않았겠군.
④ 아르테미스가 사냥을 나간 사이에 아폴론이 몰래 오리온을 활로 쏜 것이군.
⑤ 제우스가 오리온을 밤하늘의 별자리로 만든 것은 아르테미스가 딱해서였겠군.

중심 내용 쓰기

05 이 글의 중심 내용을 한 문장으로 완성해 보세요.

> 우리나라 겨울철 밤하늘에서 가장 잘 보이는 별자리는 오리온자리이며, 오리온자리
> 에는 그리스 신화에 나오는 거인 사냥꾼 ✎ _____
> 가 담겨 있다.

01 다음 낱말의 뜻을 찾아 바르게 연결해 보세요.

1 관통하다 •
2 용맹하다 •
3 자극하다 •

• **ㄱ** 용감하고 사납다.

• **ㄴ** 총알이나 화살이 무엇을 꿰어서 뚫다.

• **ㄷ** 외부에서 영향을 주어 감각이나 마음에 반응이 일어나게 하다.

02 다음 문장의 괄호 안에 들어갈 알맞은 낱말을 골라 보세요.

1 [문학 / 천문학]은 우주에 관한 온갖 사실을 연구하는 학문이다.

2 인류가 처음 어떻게 생겨난 것인지 그 [기원 / 소원]에 대해 알고 싶어졌다.

3 알라딘의 소원을 들어주는 요술램프를 떠올리면 [번거로운 / 신비로운] 느낌이 든다.

03 제시된 뜻과 예문을 참고하여 다음 초성에 해당하는 낱말을 빈칸에 쓰세요.

1 ㅎ ㄷ : 한곳이나 한군데

예 곳곳에 흩어진 장난감들을 (   ) 모아서 정리했다.

2 ㅁ ㅅ : 묘한 기술이나 꾀

예 우리 팀이 역전할 수 있는 (   )를 떠올려 보자.

3 ㅊ ㅁ : 풀과 나무를 아울러 이르는 말

예 싱그럽고 푸르른 (   )을 보니 마음도 개운해졌다.

황금 씨앗을 지켜라

① '2010 나고야 의정서'에서는 2012년부터 씨앗 소유권이 없는 나라가 씨앗을 이용할 때는 씨앗에 대한 소유권을 가진 나라의 허락을 받고, 그 대가를 치러야 한다고 발표했다. 이에 세계 각 나라마다 씨앗 소유권을 확보하기 위한 전쟁이 한창이다. 그에 비해 우리나라는 씨앗 소유권에 대한 인식이 부족하여 경제적으로 많은 손실을 보고 있다. 일례로 '수수꽃다리', '나리', '구상나무' 등의 씨앗이 우리도 모르는 사이에 ㉠해외로 빠져나갔다. 이 씨앗들은 품종이 개량되어 비싼 값에 수입되고 있다. 다른 나라들이 씨앗 소유권 경쟁에 뛰어들어 씨앗을 확보하는 동안 우리는 우수한 품종의 씨앗을 개발하려는 노력을 소홀히 했고, 우리 씨앗들의 소유권이 대거 외국 기업에 넘어가 버렸다.

② 지금부터라도 씨앗 소유권을 확보하기 위해 어떤 노력을 해야 할까? 첫째, 씨앗의 중요성을 인식하고 씨앗 소유권에 대해 관심을 가져야 한다. 알싸한 매운맛으로 사랑받는 '청양고추', 달기로 소문난 '삼복꿀수박'의 공통점은 외국에서 씨앗을 들여와 재배한 농산물이라는 점이다. '청양고추'는 우리가 개발한 품종이지만, 소유권을 가졌던 회사가 외국에 팔리면서 씨앗을 역수입하는 처지가 됐다. '삼복꿀수박'도 같은 처지였지만, 외국 회사로부터 씨앗을 다시 사들여 지금은 우리 소유가 됐다. 우리 씨앗에 대한 관심 부족으로 소유권마저 잃는다면, 우리가 심고 기른 농작물을 먹기 위해서도 해마다 많은 돈을 내야 한다.

③ 둘째, 씨앗을 체계적으로 연구하는 기관을 많이 만들어야 한다. 세계 종자 시장은 미국과 중국 계열의 기업들이 약 50%를 차지하는 데 반해 우리나라의 종자 산업은 고작 1.3% 수준에 불과하다. 이 말은 우리 땅에서 재배하는 상당수의 농작물이 외국 소유의 씨앗을 뿌린 것들이란 의미이다. 아직 걸음마 단계인 국내 종자 산업을 활성화하기 위해서는 선진적인 씨앗 생산 및 육성 방법을 연구하는 기관을 많이 만들어서 전문 인력들을 길러내야 하고, 이를 바탕으로 경쟁력 있는 종자 전문 기업들을 키워 나가야 한다.

④ 셋째, 우리의 재래종 씨앗을 지키고 관리해야 한다. 미국, 일본 등은 오래전에 콩의 중요성을 깨닫고, 보물을 찾아 우리나라에 들어왔다. 그 결과 미국이 지난 80여 년간 우리나라에서 수집해 간 콩 종자만 수천 여 종이나 된다. 미국은 우리 콩 종자를 개량해 세계 각국에 수출했고, 현재는 콩 수출국 세계 1위가 됐다. 반면 우리나라의 콩 자급률은 6.9%로, 약 90%를 미국에서 수입하고 있다. 우리 씨앗을 잃고 수입 씨앗에 의존하는 상황이 된 것

이다. 그러므로 우리의 토종 씨앗인 재래종 씨앗을 연구하고 이를 지켜 나가는 것이 무엇보다 중요하다.

5 최근에는 좋은 소식들도 들린다. 2021년, 국내에서 육성한 딸기 품종의 보급률이 약 96%까지 올라선 덕분에 우리 딸기는 '케이(K) 딸기'라는 이름으로 세계에 수출되고 있다. 앞으로 세계 씨앗 시장은 더욱 커질 것이고, 우수한 종자 하나가 황금보다 값질 것이다. 이것이 우리 씨앗에 관심을 갖고, 씨앗 소유권을 확보하기 위해 더 많은 노력을 기울여야 하는 이유이다.

◆ **의정서**: 국가 간의 외교적인 회의에서 결정한 내용을 기록한 국제 공문서

◆ **소유권**: 어떤 물건을 자기의 것으로 가지는 권리

◆ **개량되어**: 나쁜 점이 보완되어 더 좋게 되어

◆ **수입되고**: 다른 나라로부터 상품이나 기술 따위가 사들여지고

◆ **재래종**: 예전부터 전하여 내려오는 농작물이나 가축의 품종

◆ **자급률**: 필요한 물자를 자체로 공급하는 비율

❱❱ 글 **내용** 한눈에 보기 ●●●

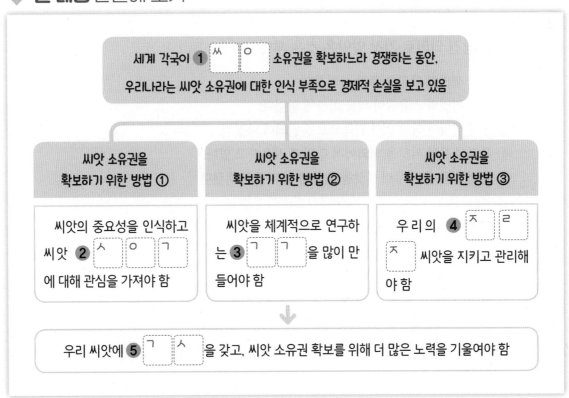

세계 각국이 **1** ㅆ ㅇ 소유권을 확보하느라 경쟁하는 동안,
우리나라는 씨앗 소유권에 대한 인식 부족으로 경제적 손실을 보고 있음

씨앗 소유권을 확보하기 위한 방법 ①	씨앗 소유권을 확보하기 위한 방법 ②	씨앗 소유권을 확보하기 위한 방법 ③
씨앗의 중요성을 인식하고 씨앗 **2** ㅅ ㅇ ㄱ 에 대해 관심을 가져야 함	씨앗을 체계적으로 연구하는 **3** ㄱ ㄱ 을 많이 만들어야 함	우리의 **4** ㅈ ㄹ ㅈ 씨앗을 지키고 관리해야 함

우리 씨앗에 **5** ㄱ ㅅ 을 갖고, 씨앗 소유권 확보를 위해 더 많은 노력을 기울여야 함

글을 이해해요

내용 이해
01 이 글에 대한 설명으로 알맞은 것은 무엇인가요? [✎　　]

① 우리나라 종자 전문 기업은 이미 세계 최고 수준이다.
② 삼복꿀수박 씨앗은 현재 우리나라가 소유권을 갖고 있다.
③ 재래종 씨앗은 세계 각 나라에서 자유롭게 심고 키울 수 있다.
④ 국내 육성 딸기는 케이(K) 딸기라는 이름으로 역수입되고 있다.
⑤ 청양고추 씨앗은 외국 회사가 개발한 품종이어서 수입에 의존하고 있다.

내용 비판
02 이 글을 읽은 후의 반응으로 알맞지 <u>않은</u> 것은 무엇인가요? [✎　　]

① 세계의 씨앗 시장은 몇몇의 나라와 회사들이 차지하고 있구나.
② 우리의 수많은 콩 씨앗 품종들이 전 세계적으로 인기가 많구나.
③ 씨앗 소유권에 대한 우리의 관심 부족으로 그간 경제적 손실이 많았구나.
④ 재래종 씨앗을 지켜 나가려면 먼저 우리 씨앗에 대한 연구부터 해야겠구나.
⑤ 씨앗이 얼마나 중요한지 깨닫는다면 씨앗 소유권을 지키기 위해 더 노력할 거야.

내용 추론
03 에 담긴 의미로 가장 알맞은 것은 무엇일까요? [✎　　]

① 우리 씨앗에 대한 자료가 사라졌다.
② 우리 씨앗의 소유권이 외국 회사에 팔렸다.
③ 우리 씨앗이 허락 없이 외국으로 운반되어 나갔다.
④ 우리 소유의 씨앗을 해외에서 값싸게 사용하고 있다.
⑤ 국내 보관 중인 우리 씨앗을 해외에 전부 팔아 버렸다.

중심 내용 쓰기
04 이 글의 중심 내용을 한 문장으로 완성해 보세요.

> 우리 씨앗에 관심을 갖고 ✎_____하기 위해 더 많은 노력을
> 기울여야 한다.

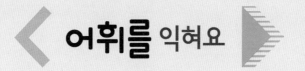

01 다음 낱말의 뜻을 찾아 바르게 연결해 보세요.

1 대가 •   • **ㄱ** 길러 자라게 함

2 육성 •   • **ㄴ** 물건의 값으로 치르는 돈

3 종자 •   • **ㄷ** 식물에서 나온 씨 또는 씨앗

02 제시된 뜻과 예문을 참고하여 다음 초성에 해당하는 낱말을 빈칸에 쓰세요.

1 ㅅ ㅇ ㄱ : 어떤 물건을 자기의 것으로 가지는 권리

예 우리 품종이었던 청양고추 씨앗의 (   )은 지금 독일 기업에 있다.

2 ㅅ ㅅ : 잃어버리거나 축나서 손해를 봄. 또는 그 손해

예 이번 전쟁으로 발생한 (   )이 매우 크다.

3 ㅅ ㅈ ㅈ : 단계가 발전되어 앞서 있는. 또는 그런 것

예 조선 시대가 끝나갈 무렵, 백성들은 서양의 (   ) 문물을 경험하고 감탄했다.

03 보기 에서 알맞은 낱말을 골라 다음 문장을 바르게 완성하세요.

보기
| 개량되다 | 수입되다 | 수출되다 | 의존하다 |

1 오래된 집 부엌이 깨끗하게 ☐☐되었다.

2 외국에서 우리나라로 싼값에 ☐☐된 농산물에서 농약 성분이 나왔다.

20 왜 멸종했을까

① 지구에 생명체가 생겨난 이후로 수없이 많은 생물이 멸종하였다. 화산이 폭발하거나 지구의 기온이 급격히 변하면서 멸종하기도 하였고, 다른 종과의 경쟁에서 살아남지 못해 멸종하기도 하였다. 지구에서 멸종된 동물들과 그 동물들이 멸종된 까닭을 알아보자.

② 먼저 6천만 년 전 남아메리카에 살았던 티타노보아뱀은 현재 세계에서 가장 큰 뱀인 아나콘다의 두 배 이상 되는 크기로, 몸길이가 12~15 m였다고 한다. 보통 뱀은 스스로 체온을 조절할 수 없는 탓에 체온에 맞는 곳으로 이동하거나 서식지에 몸 크기를 맞추어 체온을 조절한다. 결국 티타노보아뱀은 갑작스러운 기후 변화가 왔을 때 체온 조절에 실패하여 멸종하였을 것으로 추정된다.

③ 260만 년 전까지 극지방에 살았던 메갈로돈은 주로 고래와 같은 포유류를 잡아먹었던 육식 상어로 최대 20 m까지 자랐다고 한다. 빙하기 때 바닷물의 온도가 낮아지자 피부 밑 지방층이 적었던 상어류는 추위를 견디지 못하고 따뜻한 적도 지방으로 이동한 반면 메갈로돈의 먹이인 고래 등은 추위에 강해 극지방에 남았다. 메갈로돈은 적도 지방의 환경에 적응하지 못한 상황에서 먹이까지 부족해져서 멸종하였을 것으로 추정된다.

④ 아프리카 남동부에 위치한 모리셔스섬은 화산 활동으로 갑자기 생겨난 외딴섬으로, 이곳에 살던 도도새는 천적이 없어서 날아다닐 필요가 없었기에 날개가 퇴화되어 날지 못했다. 16세기 초 모리셔스섬이 포르투갈 선박의 중간 경유지가 되면서 인간의 출입이 늘어났다. 인간에게 경계심이 없었던 도도새는 선원들에게 다가갔다가 잡아먹혔고, 땅에 대충 알을 낳는 습성 때문에 도도새의 알은 개와 쥐의 먹이가 되고 말았다. 결국 도도새는 1681년에 멸종되었다.

⑤ 사슴 중에서도 가장 아름다운 뿔을 가진 숀부르크사슴은 몸길이가 180 cm 정도였다. 한때 태국에 많은 종이 서식하였지만, 19세기 말 태국 정부가 숀부르크사슴이 살던 초원을 개간하여 농경지를 늘리면서 사슴의 서식지는 줄어들게 되었다. 또한

숀부르크사슴의 뿔이 장식용으로도 좋고 약으로도 좋다는 소문이 퍼지면서 인간에게 마구 사냥을 당하여 멸종에 이르렀다.

6 모든 멸종이 나쁜 것만은 아니다. 멸종을 계기로 새로운 생물이 탄생하고, 생물 스스로 살아남기 위해 진화도 하기 때문이다. 하지만 인간 때문에 생물이 멸종하는 것은 또 다른 문제이다. 인간은 무분별한 개발로 다른 생물들의 서식지를 없애기도 하고, 생존을 위해서가 아닌 관상용, 약용과 같은 부차적인 이유로 생물을 잡아 죽이기도 한다. 이렇게 인간의 이기심 때문에 소중한 생명체가 멸종하는 문제는 진지하게 고민해 볼 필요가 있다.

◆ **서식지**: 생물 따위가 일정한 곳에 자리를 잡고 사는 곳
◆ **천적**: 잡아먹는 동물을 잡아먹히는 동물에 상대하여 이르는 말
◆ **퇴화되어**: 생물체의 기관 따위가 약해지거나 하여 단순하게 축소된 기관으로 변화하여

글 내용 한눈에 보기 ●●●

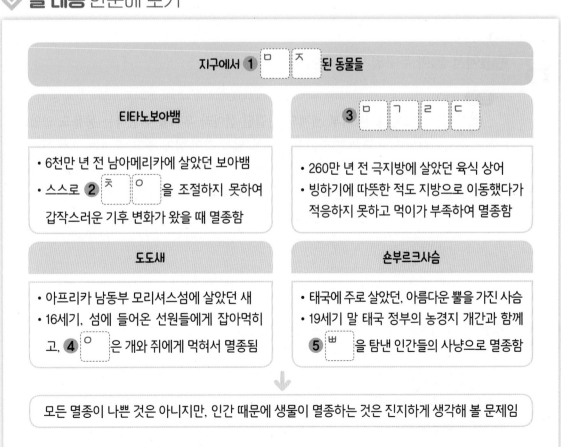

지구에서 **1** ㅁ ㅈ 된 동물들

티타노보아뱀
- 6천만 년 전 남아메리카에 살았던 보아뱀
- 스스로 **2** ㅊ ㅇ 을 조절하지 못하여 갑작스러운 기후 변화가 왔을 때 멸종함

3 ㅁ ㄱ ㄹ ㄷ
- 260만 년 전 극지방에 살았던 육식 상어
- 빙하기에 따뜻한 적도 지방으로 이동했다가 적응하지 못하고 먹이가 부족하여 멸종함

도도새
- 아프리카 남동부 모리셔스섬에 살았던 새
- 16세기, 섬에 들어온 선원들에게 잡아먹히고, **4** ㅇ 은 개와 쥐에게 먹혀서 멸종됨

숀부르크사슴
- 태국에 주로 살았던, 아름다운 뿔을 가진 사슴
- 19세기 말 태국 정부의 농경지 개간과 함께 **5** ㅃ 을 탐낸 인간들의 사냥으로 멸종함

모든 멸종이 나쁜 것은 아니지만, 인간 때문에 생물이 멸종하는 것은 진지하게 생각해 볼 문제임

내용 이해

01 이 글에서 답을 찾을 수 있는 질문이 <u>아닌</u> 것은 무엇인가요? [✎   ]

① 멸종한 동물의 이름은 무엇인가?
② 멸종한 동물의 특징은 무엇인가?
③ 그 동물이 멸종한 이유는 무엇인가?
④ 멸종한 동물이 살았던 곳은 어디인가?
⑤ 멸종한 동물을 다시 살아나게 할 방법은 무엇인가?

내용 이해

02 이 글의 내용과 일치하지 <u>않는</u> 것은 무엇인가요? [✎   ]

① 숀부르크사슴은 뿔이 특히 아름다웠다.
② 티타노보아뱀은 아나콘다보다 크기가 작았다.
③ 도도새는 날개가 퇴화되어서 나는 능력을 잃었다.
④ 메갈로돈은 빙하기 때 극지방에서 적도 지방으로 사는 곳을 옮겼다.
⑤ 티타노보아뱀은 갑작스러운 기후 변화에 체온을 제대로 조절하지 못했다.

내용 추론

03 보기에서 ㉠이 누구일지 이 글에서 찾아 쓰세요. [✎   ]

> **보기**
>
> ㉠<u>우리</u>가 살았던 곳은 외부 세계와 단절된 섬이라 우리를 위협하는 동물도 없었고 하늘을 날아다닐 필요도 없었어. 그런데 어느 날 인간이 섬에 왔고, 우리는 그저 신기해서 아무런 의심 없이 그들에게 다가갔어. 아뿔싸, 그게 우리의 멸종으로 이어질 줄이야. 몇몇이 살아남았다 해도 인간과 함께 온 동물들이 우리의 알까지 먹어 버려서 더는 종족을 보존할 수 없었어. 결국 우리는 지구상에서 영원히 사라지게 되었지.

중심 내용 쓰기

04 이 글의 중심 내용을 한 문장으로 완성해 보세요.

> 지구에서 멸종된 수많은 동물들 중에서 ✎＿＿＿＿＿＿＿＿＿＿＿＿처럼 급격한 기후 변화로 멸종에 이른 동물이 있는가 하면, 도도새와 숀부르크사슴처럼 ✎＿＿＿＿＿＿ 때문에 멸종에 이른 동물도 있다.

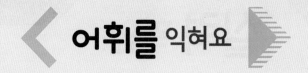

01 다음 낱말에 대한 설명이 맞으면 ○, 틀리면 ✕ 표시를 하세요.

1 '추정'은 미루어져 생각하여 결정함을 뜻한다. [○ / ✕]

2 '경유지'는 어떤 곳에 이르러 도착한 곳을 뜻한다. [○ / ✕]

3 '퇴화'는 생물체의 기관 따위가 약해지거나 하여 단순하게 축소된 기관으로 변화함을 뜻하며, '진화'가 그 반대말이다. [○ / ✕]

02 제시된 뜻과 예문을 참고하여 다음 초성에 해당하는 낱말을 빈칸에 쓰세요.

1 ㅅ ㅅ ㅈ : 생물 따위가 일정한 곳에 자리를 잡고 사는 곳

예 늪이 훼손되면서 이곳에 사는 동물들의 (   )도 점점 사라지고 있다.

2 ㅊ ㅈ : 잡아먹는 동물을 잡아먹히는 동물에 상대하여 이르는 말

예 고양이는 쥐의 (   )이다.

3 ㅂ ㅊ ㅈ : 어떤 사물이나 현상이 주된 것이 아니라 그것에 곁딸린 것

예 내가 공부를 하는 이유 중에 성적은 주된 것이 아니라 (   )인 것이다.

03 다음 문장에 들어갈 알맞은 낱말을 보기에서 찾아 쓰세요.

> **보기**
>
> 멸종   습성   진화   경계심   이기심

1 아기들은 낯선 사람을 보면 울면서 ☐☐☐ 을 내보인다.

2 나는 맛있는 것은 혼자 다 먹으려 하는 형의 ☐☐☐ 에 화가 났다.

3 공룡이 ☐☐ 한 이유 중 하나가 지구에 운석이 충돌했기 때문이라고 한다.

실력 확인

△ 글의 문단별 내용을 정리하고 주제를 써 보아요.

01 5월의 기념일

본문 8~9쪽

1문단 ☐☐☐의 의미

2문단 5월의 기념일 ①: 어린이날

3문단 5월의 기념일 ②: ☐☐☐☐

4문단 5월의 기념일 ③: ☐☐의 날

✎주제 5월에 있는 세 가지 기념일

02 몸과 마음이 자라는 사춘기

본문 12~13쪽

1문단 사춘기의 의미와 사춘기에 나타나는 몸과 마음의 ☐☐

2문단 사춘기에 변화가 생기는 원인 ①: ☐☐☐의 분비

3문단 사춘기에 변화가 생기는 원인 ②: ☐의 작용

4문단 사춘기를 잘 보낼 수 있는 방법

✎주제 ☐☐☐ 때 일어나는 몸과 마음의 변화

03 스스로를 사랑해요

본문 16~17쪽

1문단 자신을 올바르게 사랑하지 못하는 바다와 하늘이의 사례

2문단 바다의 사례를 통해서 본 ☐☐☐☐의 의미와 특징

3문단 하늘이의 사례를 통해서 본 ☐☐☐☐의 의미와 특징

4문단 올바른 자기애를 가진 사람이 되도록 노력하자는 제안

✎주제 올바른 ☐☐☐를 갖기 위한 노력

본문 바로가기

4 상상력 다이어트

본문 20~21쪽

1문단 음식을 먹는 □□이 다이어트를 방해한다는 일반적인 생각

2문단 음식을 먹는 상상이 □□□□에 미치는 영향에 관한 실험과 그 결과

3문단 □□□ 현상의 의미와 예시

4문단 상상만으로 습관화 현상이 일어나게 하는 방법

5문단 먹고 싶은 음식을 마음껏 상상하는, □□□ 다이어트

주제 □□을 먹는 상상이 다이어트에 미치는 영향

5 화장의 역사

본문 24~25쪽

1문단 고대 이집트인의 화장과, 그리스·로마 시대의 화장

2문단 □□ 시대와 르네상스 시대의 화장

3문단 □□ 시대부터 일제 강점기에 이르는 과거 우리나라의 화장

4문단 현대 사회에서 화장의 발전과 화장에 대한 □□

주제 화장의 □□와 □□에 대한 전망

6 소금과 설탕이 궁금해

본문 28~29쪽

1문단 □□과 설탕에 대한 소개

2문단 소금이 우리 □에서 하는 역할

3문단 소금의 □□

4문단 □□의 용도와 설탕을 만드는 과정

5문단 소금과 설탕의 □□ 작용

6문단 소금이나 설탕을 물에 빨리 녹이는 방법

주제 소금과 □□의 특성

실력 확인

7 신기한 입체 그림

본문 32~33쪽

1 문단 ☐☐☐☐를 3차원의 입체 그림으로 보는 방법 제시

2 문단 ☐☐에 대한 구체적인 설명 제시

3 문단 우리 눈이 ☐☐☐을 파악하는 방법

4 문단 우리가 사물의 ☐☐☐을 느낄 수 있는 원리

주제 매직아이에서 입체감을 느낄 수 있는 이유

8 옷차림 속 직업 이야기

본문 36~37쪽

1 문단 ☐☐과 옷차림의 관계에 대한 궁금증

2 문단 흰옷을 입고 일하는 직업

3 문단 ☐☐☐의 옷차림

4 문단 ☐☐의 옷차림

5 문단 직업의 특성을 고려한 옷차림의 필요성

주제 직업에 따른 ☐☐☐

9 화산이 분출한다

본문 40~41쪽

1 문단 ☐☐☐의 뜻과 특징

2 문단 ☐☐ 분출의 과정과 이때 나오는 물질

3 문단 ☐☐에 따른 화산의 종류

4 문단 ☐☐☐와 ☐☐☐☐의 뜻과 특징

주제 ☐☐이 만들어지는 과정과 화산의 종류

본문
바로가기

10 코르니유 영감의 비밀

본문 44~45쪽

1문단 증기 방앗간이 생기면서 사라지게 된 마을의 [　][　] 방앗간

2문단 아무도 밀을 빻으러 가지 않는데도 돌아가는, 코르니유 영감의 풍차 방앗간

3문단 코르니유 영감의 방앗간으로 몰래 들어간 영감의 [　][　] 비베트와 '나'의 큰아들

4문단 풍차 방앗간의 [　][　]를 지키기 위해 마을 사람들을 속였던 코르니유 영감

5문단 코르니유 영감이 살아 있는 동안 풍차 방앗간을 지킨 마을 사람들

✎**주제** 풍차 방앗간의 전통과 명예를 지키고자 했던 [　][　][　][　] 영감의 이야기

11 나라를 구한 백성들

본문 48~49쪽

1문단 임진왜란이 일어나자 나라를 구하기 위해 자발적으로 조직한 [　][　]

2문단 가장 먼저 의병을 일으킨 홍의 장군 [　][　][　]

3문단 승려들로 조직된 의병 부대인 [　][　]

4문단 행주 대첩에서 치마로 돌을 날라 전투를 도운 [　][　][　]

✎**주제** [　][　][　][　] 때 나라를 지킨 백성들의 이야기

12 동물들이 집단을 이루는 이유

본문 52~53쪽

1문단 생존을 위해 [　][　]을 이루며 살아가는 동물들

2문단 동물들의 집단 형성 이유 ①: [　][　][　]에게 붙잡힐 가능성을 줄이기 위함

3문단 동물들의 집단 형성 이유 ②: 다른 동물들을 보다 효과적으로 잡기 위함

4문단 동물들의 집단 형성 이유 ③: 혹독한 [　][　][　][　] 속에서 살아남기 위함

5문단 동물들의 집단 형성 이유 ④: 효율성을 높이기 위해 개체들이 각자의 [　][　]을 나눔

✎**주제** 동물들이 [　][　][　][　]을 하는 여러 가지 이유

실력 확인

13 욕심을 이용하면 사냥도 쉽다

본문 56~57쪽

①문단 과거의 사냥 방법 소개

②문단 아메리카 인디언 부족이 [ ]을 사냥하는 방법

③문단 북아프리카 원주민이 [ ][ ][ ]를 사냥하는 방법

④문단 곰과 원숭이의 사냥 이야기를 통해 얻을 수 있는 [ ][ ]

✎주제 동물들의 특성을 이용한 [ ][ ] 방법 및 이를 통해 얻는 교훈

14 임금님은 일식이 걱정이야

본문 60~61쪽

①문단 [ ][ ] 현상에 대한 과학적 원리와 개념

②문단 일식 현상에 대한 우리 선조들의 인식

③문단 일식을 정확하게 [ ][ ]하기 위하여 천체 연구에 많은 지원을 한 [ ][ ]

④문단 우리나라에 꼭 맞는 [ ][ ]을 완성하여 일식을 예측한 세종

✎주제 과거 우리 선조들의 [ ][ ]에 대한 인식 및 세종의 업적

15 어린이 게임 중독, 문제야

본문 64~65쪽

①문단 사회적으로 큰 관심을 받고 있는 [ ][ ][ ] 게임 중독 문제

②문단 어린이 게임 중독의 여러 가지 [ ][ ][ ]

③문단 어린이가 게임 중독을 [ ][ ]하기 위해 할 수 있는 여러 가지 노력

④문단 어린이 게임 중독 문제를 예방하기 위해 뒷받침되어야 할 모두의 노력

✎주제 어린이 [ ][ ][ ]이 지닌 문제와 예방을 위한 노력

본문
바로가기

16 잘 쓰자! 신조어

본문 68~69쪽

- **1 문단** ☐☐☐ 의 뜻과 특성
- **2 문단** 신조어를 만드는 방법
- **3 문단** 신조어 사용의 ☐☐☐ 인 면
- **4 문단** 신조어 사용의 ☐☐☐ 인 면
- **5 문단** 신조어를 사용할 때 지녀야 할 올바른 태도

주제 ☐☐☐ 의 기능 및 신조어를 사용하는 올바른 태도

17 빛의 세계

본문 72~73쪽

- **1 문단** ☐☐ 의 길이에 따라 구분되는 태양 광선
- **2 문단** ☐☐☐ 의 특징과 역할
- **3 문단** ☐☐☐ 의 특징과 적외선이 활용되는 사례
- **4 문단** ☐☐☐ 의 특징과 자외선이 활용되는 사례
- **5 문단** 엑스(X)선에 대한 설명과 아직 밝혀지지 않은 태양 광선에 대한 궁금증 유발

주제 ☐☐ 에서 나오는 여러 가지 빛들의 특징 및 실생활에서의 활용

18 밤하늘의 보석, 별자리

본문 76~77쪽

- **1 문단** ☐☐☐ 의 뜻과 기원
- **2 문단** ☐☐☐ 자리의 특징과 모습
- **3 문단** 오리온자리에 담긴 ☐☐☐ 신화 이야기
- **4 문단** 별자리에 담겨 있는 신비롭고 아름다운 이야기

주제 오리온자리를 볼 수 있는 방법 및 오리온자리에 담긴 그리스 신화 이야기

실력 확인

본문 바로가기

19 황금 씨앗을 지켜라

본문 80~81쪽

1문단 우리나라가 [ ][ ] 소유권에 대한 인식 부족으로 보게 된 손실

2문단 씨앗 소유권을 확보하기 위한 방법 ①: 씨앗의 중요성을 인식하고 씨앗 [ ][ ][ ]
에 관심을 가져야 함

3문단 씨앗 소유권을 확보하기 위한 방법 ②: 씨앗을 체계적으로 연구하는 기관을 많이 만들
어야 함

4문단 씨앗 소유권을 확보하기 위한 방법 ③: [ ][ ][ ] 씨앗을 지키고 관리해야 함

5문단 우리 씨앗에 [ ][ ]을 갖고 씨앗 소유권 확보를 위해 노력해야 하는 이유

✎**주제** [ ][ ][ ][ ] 확보의 중요성과 이를 위한 노력

20 왜 멸종했을까

본문 84~85쪽

1문단 여러 가지 이유로 지구에서 멸종된 [ ][ ]들

2문단 지구에서 멸종된 동물 ①: 티타노보아뱀

3문단 지구에서 멸종된 동물 ②: [ ][ ][ ][ ]

4문단 지구에서 멸종된 동물 ③: [ ][ ][ ]

5문단 지구에서 멸종된 동물 ④: 숀부르크사슴

6문단 멸종에 대한 글쓴이의 태도

✎**주제** 지구에서 [ ][ ]된 동물과 멸종 이유

memo

memo

완자

공부력

정답과 해설

독해

×

초등 국어

5A

5-6학년

 책 속의 가접 별책 (특허 제 0557442호)

'정답과 해설'은 진도책에서 쉽게 분리할 수 있도록 제작되었으므로
유통 과정에서 분리될 수 있으나 파본이 아닌 정상 제품입니다.

ABOVE IMAGINATION

우리는 남다른 상상과 혁신으로
교육 문화의 새로운 전형을 만들어
모든 이의 행복한 경험과 성장에 기여한다

완자

공부력

초등 국어
독해 5A

· · · ·

정답과 해설

완자 공부력 가이드   2

정답   6

완자 공부력 가이드

완자 공부력 시리즈는
앞으로도 계속 출간될 예정입니다.

국어 맞춤법 바로 쓰기
1~2학년용
4책

쓰기력

전과목 어휘
1~6학년용
12책

전과목 한자 어휘
1~6학년용
12책

영어 파닉스
1~2학년용
2책

영어 영단어
3~6학년용
8책

어휘력

국어 독해
1~6학년용
12책

한국사 독해 인물편
3~6학년용
4책

한국사 독해 시대편
3~6학년용
4책

독해력

수학 계산
1~6학년용
12책

계산력

완자 공부력 시리즈로 공부 근육을 키워요!

매일 성장하는
초등 자기개발서

ⓦ 완자

공부력

학습의 기초가 되는 읽기, 쓰기, 셈하기와 관련된
공부력을 키워야 여러 교과를 터득하기 쉬워집니다.
또한 어휘력과 독해력, 쓰기력, 계산력을 바탕으로 한
'공부력'은 자기주도 학습으로 상당한 단계까지 올라갈 수
있는 밑바탕이 되어 줍니다. 그래서 매일 꾸준한 학습이
가능한 '**완자 공부력 시리즈**'로 공부하면 자기주도 학습이
가능한 튼튼한 공부 근육을 키울 수 있을 것이라 확신합니다.

효과적인 공부력 강화 계획을 세워요!

◎ 학년별 공부 계획
내 학년에 맞게 꾸준하게 공부 계획을 세워요!

		1-2학년	3-4학년	5-6학년
기본	독해	국어 독해 1A 1B 2A 2B	국어 독해 3A 3B 4A 4B	국어 독해 5A 5B 6A 6B
	계산	수학 계산 1A 1B 2A 2B	수학 계산 3A 3B 4A 4B	수학 계산 5A 5B 6A 6B
	어휘	전과목 어휘 1A 1B 2A 2B	전과목 어휘 3A 3B 4A 4B	전과목 어휘 5A 5B 6A 6B
		파닉스 1 2	영단어 3A 3B 4A 4B	영단어 5A 5B 6A 6B
확장	어휘	전과목 한자 어휘 1A 1B 2A 2B	전과목 한자 어휘 3A 3B 4A 4B	전과목 한자 어휘 5A 5B 6A 6B
	쓰기	맞춤법 바로 쓰기 1A 1B 2A 2B		
	독해		한국사 독해 인물편 1 2 3 4	
			한국사 독해 시대편 1 2 3 4	

○ 시기별 공부 계획

학기 중에는 **기본**, 방학 중에는 **기본 + 확장**으로 공부 계획을 세워요!

방학 중			
학기 중			
기본			확장
독해	계산	어휘	어휘, 쓰기, 독해
국어 독해	수학 계산	전과목 어휘	전과목 한자 어휘
		파닉스(1~2학년) 영단어(3~6학년)	맞춤법 바로 쓰기(1~2학년) 한국사 독해(3~6학년)

예시 초1 학기 중 공부 계획표 주 5일 하루 3과목 (45분)

월	화	수	목	금
국어 독해	국어 독해	국어 독해	국어 독해	국어 독해
수학 계산	수학 계산	수학 계산	수학 계산	수학 계산
전과목 어휘	파닉스	전과목 어휘	전과목 어휘	파닉스

예시 초4 방학 중 공부 계획표 주 5일 하루 4과목 (60분)

월	화	수	목	금
국어 독해	국어 독해	국어 독해	국어 독해	국어 독해
수학 계산	수학 계산	수학 계산	수학 계산	수학 계산
전과목 어휘	영단어	전과목 어휘	전과목 어휘	영단어
한국사 독해 인물편	전과목 한자 어휘	한국사 독해 인물편	전과목 한자 어휘	한국사 독해 인물편

01 5월의 기념일

코칭 Tip 이 글은 5월에 있는 세 가지 기념일인 어린이날, 어버이날, 스승의 날에 대해 설명하는 글입니다. 각각의 기념일이 어떤 이유로 만들어졌는지, 어떤 과정을 거쳐 지금의 기념일로 제정된 것인지를 파악하며 글을 읽을 수 있도록 합니다.

1 기념일은 축하하거나 기릴 만한 일이 있을 때, 매년 그 일이 있었던 날을 기억하기 위해 만든 날이다. 기념일이 특히 많은 달로 알려진 5월에는 어떤 기념일이 있는지 살펴보자.
중심 소재
▶ 기념일의 의미

2 먼저 어린이날은 어린이의 존엄성과 지위를 향상하기 위해 정한 기념일이다. 사실 '어린이날'과 '어린이'라는 말은
어린이날이 만들어진 까닭
1900년대 초까지만 해도 사용하지 않았다. 『일제 강점기 시절, 조선의 어린아이들은 노동에 시달렸으며 어린아이를 부
『 』: 어린이날이 만들어진 당시(일제 강점기)의 시대 상황
르는 말조차 제대로 없을 정도로 어린아이의 인권에 대한 의식이 매우 낮았다. '어린이'라는 말은 1920년에 소파 방정
'어린이'라는 말의 유래
환이 책을 번역하면서 처음 만들어 사용했다. 그는 어린이날만이라도 조선의 모든 어린이가 인권을 존중받고 노동의
고통에서 벗어나 즐겁게 보내기를 바랐다. 어린이날은 이러한 어린이 인권 운동의 일환으로 만든 것으로, 1923년 5월
1일에 첫 어린이날 기념행사를 열기도 했다. 그렇지만 이날을 통해 민족의식이 높아질 것을 걱정한 일제의 방해로 어린
어린이날이 처음에는 5월 1일이었음
이날 행사 날짜가 바뀌거나 행사가 무산되기도 했다.』광복 후 1946년 5월 첫째 주 일요일(당시 5월 5일)에 어린이날 행
사를 한 것을 계기로, 어린이날이 5월 5일로 정착되었다. 1975년부터 공휴일로 제정해 지금까지 이어져 오고 있다.
현재 어린이날의 날짜
▶ 5월의 기념일 ①: 어린이날

3 어버이날은 우리를 낳아 주시고 길러 주신 어머니와 아버지의 사랑에 감사하기 위해 만든 날이다. 『영국, 미국과 같
어버이날이 만들어진 까닭
『 』: 우리나라 어버이날의 유래
은 기독교 국가에서는 해마다 '어머니의 날'에 어머니의 사랑을 기억하는 행사를 열었는데, 이러한 전통이 우리나라에
정착하면서 우리나라 특유의 어버이날로 발전한 것이다.』우리나라는 1930년 무렵부터 기독교 단체와 여성 단체를 중심
으로 어머니의 고마움을 기리고 어머니의 노고를 위로하는 날을 정해 기념행사를 열기 시작했다. 그러던 중에 국가에
서 1955년에 5월 8일을 어머니날로 제정했다. 1973년에는 '어머니날'을 '어버이날'로 바꾸고, 어머니뿐만 아니라 아버
현재 어버이날의 날짜
지, 어른을 모두 공경하는 날로 정했다. 현재는 자녀가 부모님을 비롯한 어른께 카네이션을 달아 드리고, 감사의 뜻을
현재 어버이날은 어머니뿐만 아니라 아버지, 어른께 감사의 뜻을 전하는 날로 바뀜
전하는 날로 기념하고 있다.
▶ 5월의 기념일 ②: 어버이날

4 스승의 날은 스승에 대한 존경심을 되새기고 그 은혜에 감사하기 위해 만든 날이다. 우리나라의 스승의 날은 청소
스승의 날이 만들어진 까닭
년들이 자발적으로 만든 기념일이라는 점이 특징이다. 『1958년에 충청남도의 청소년 적십자 단원들은 병환 중인 선생님
우리나라 스승의 날의 특징
『 』: 스승의 날이 제정된 과정을 시간 순서대로 제시함
을 찾아가 간호하고, 퇴직한 선생님을 찾아가 감사의 마음을 전하는 활동
을 했다. 이 활동이 계기가 되어 1963년에 청소년 적십자 중앙 학생 협
의회에서 처음으로 '은사의 날'을 정했다. 1964년에 은사의 날을 '스승
의 날'로 바꾸고 날짜도 5월 26일로 정했다. 그 후 1965년에 스승의
날의 날짜를 세종 대왕의 탄신일인 5월 15일로 바꾸었는데, 백성을
현재 스승의 날의 날짜
위해 한글을 창제한 세종 대왕이야말로 우리 민족의 위대한 스승
이라 생각했기 때문이다. 스승의 날은 1982년부터 국가 기념일
로 정한 이후 오늘날까지 이어지고 있다.』
▶ 5월의 기념일 ③: 스승의 날

5월

≫ 글 내용 한눈에 보기 •••

본문 9쪽

1 기념일   **2** 어린이   **3** 어버이날   **4** 스승   **5** 청소년

◀ 글을 이해해요 ▶

☑ 자기 평가

본문 10쪽

01 (내용 이해)
1 ✕   **2** ○   **3** ✕

⃝ ✕

02 (내용 추론)
④

⃝ ✕

03 (내용 이해)
ㅁ → ㄹ → ㄷ → ㄴ → ㄱ

⃝ ✕

04 (중심 내용 쓰기)
5월에 있는 기념일 중에서 어린이날은 어린이의 존엄성을 향상하기 위해, 어버이날은 어버이의 사랑에 감사하기 위해, 스승의 날은 스승의 은혜에 감사하기 위해 만든 날이다.

⃝ ✕

01 **1** 2문단에서 1923년 5월 1일에 첫 어린이날 행사를 열었다고 했으며, 광복 이후인 1946년부터 어린이날이 5월 5일로 정착되었다고 했어요.
2 4문단에서 1965년에 스승의 날의 날짜를 세종 대왕의 탄신일인 5월 15일로 바꾸었다고 했어요.
3 3문단에서 어버이날은 자녀가 부모님의 사랑에 감사하기 위해 만든 날이라고 했어요. 또한 우리나라의 어버이날은 영국, 미국과 같은 기독교 국가의 '어머니의 날'에서 유래를 찾을 수 있지요.

02 이 글에는 어린이날이 만들어질 당시 조선의 어린이들이 민족의식을 높이는 일에 몰래 참여했다는 내용은 나와 있지 않아요.

(오답풀이)
①, ②, ⑤ 일제 강점기에 조선의 어린이는 노동에 시달렸으며, 어린아이를 부르는 말조차 제대로 없을 정도로 인권을 존중받지 못했어요.
③ 일제는 어린이날에 민족의식이 높아질 것을 걱정해 어린이날 행사를 방해하기도 했어요.

03 4문단 세 번째 문장부터 마지막 문장까지를 보면, 스승의 날이 국가 기념일이 되기까지 어떤 과정을 거쳤는지 시간 순서대로 제시되어 있어요.

04 이 글은 5월에 있는 기념일 중에서 어린이날, 어버이날, 스승의 날에 대해 설명하고 있어요.

◀ 어휘를 익혀요 ▶

본문 11쪽

01 **1** ㄴ   **2** ㄷ   **3** ㄱ   **02** **1** 노고   **2** 존경심   **3** 자발적   **03** **1** 스승   **2** 일환   **3** 기념일

02 몸과 마음이 자라는 사춘기

1 안녕하세요? 저는 '사춘기'를 주제로 발표할 김서우입니다. 사춘기는 몸과 마음이 급격하게 성장하는 시기를 말합니다. 혹시 키가 부쩍 컸거나 목소리가 전과 달리 굵어졌거나 여드름이 생긴 친구가 있나요? 그렇다면 사춘기가 온 것입니다. 사춘기에 들어서면 외모에 관심이 많아지고, 감수성이 예민해지면서 변덕도 심해집니다. 이유 없는 반항심이 생겨 부모님과 별것 아닌 일로 부딪치기도 하죠. 이게 모두 우리가 아이에서 어른으로 성장하는 과도기에 있기 때문입니다. 몸과 마음이 완전히 발달하지 않은 상태라 불안정할 수밖에 없는 거죠.
▶ 사춘기의 의미와 사춘기에 나타나는 몸과 마음의 변화

2 사춘기에 여러 변화가 생기는 근본적인 원인은 호르몬 때문입니다. 호르몬은 우리 몸에 신호를 보내는 특정 화학 물질을 말합니다. 성호르몬은 사춘기를 전후로 몸속에 빠르게 분비가 돼요. 남자는 테스토스테론이라는 성호르몬이, 여자는 에스트로겐과 프로게스테론이라는 성호르몬이 특히 많이 분비된다고 해요. 이렇게 남자와 여자는 서로 다른 성호르몬이 분비되어 각각 남성과 여성의 신체적 특징을 갖추기 시작한답니다. 『반대로 적게 분비되는 호르몬도 있어요. 감정의 기복을 조절해 주는 세로토닌이라는 신경 전달 물질인데요. 아이나 어른에 비해 적게 나와 감정 조절이 잘 안 된답니다.』기분이 좋았다가도 급격히 나빠지는 변덕스러운 감정 변화는 바로 이 세로토닌의 영향 때문이라 할 수 있어요.
▶ 사춘기에 변화가 생기는 원인 ①: 호르몬의 분비

3 사춘기에 일어나는 변화는 뇌의 작용과도 관련이 있어요. 사춘기에는 사고와 판단을 담당하는 이성의 뇌는 아직 자라고 있는 반면, 감정의 뇌는 거의 완성되어서 활발하게 움직인다고 해요. 그래서 사춘기에 접어들면 이성보다는 느낌이나 직감 같은 감정에 의존하여 상황에 대처하게 된답니다. 그리고 어떤 행동을 할 때 그 행동이 나에게 얼마나 유익한 결과를 가져올지를 따지기보다 그 행동으로 인해 지금 당장 내 기분이 좋은지 재미있는지를 따집니다. 사춘기 때 충동적이고 위험한 일을 하고 싶은 것은 이러한 뇌의 영향 때문이죠.
▶ 사춘기에 변화가 생기는 원인 ②: 뇌의 작용

4 지금부터 사춘기를 잘 보낼 수 있는 방법을 알려 드릴게요. 가능한 한 모든 것을 긍정적으로 생각하면서 활기차게 생활하는 것이 중요합니다. 먼저 자신의 장점이나 자신이 겪고 있는 상황의 좋은 점을 자꾸 떠올려 보세요. 그리고 스트레스가 생기면 자신에게 맞는 취미 활동을 하며 잘 풀도록 해요. 마지막으로 마음이 힘들다고 느껴지면 부모님이나 선생님, 친구에게 고민을 터놓고 대화해 보세요. 답답했던 마음이 풀릴 거예요. 무엇보다 사춘기를 겪으며 어른이 되는 과정에서 일어나는 변화를 자연스럽게 받아들인다면 우리 모두 몸도 마음도 성숙한 어른이 될 수 있을 거예요. 그럼 발표를 마치겠습니다. 감사합니다.
▶ 사춘기를 잘 보낼 수 있는 방법

❯❯ 글 **내용** 한눈에 보기 ●●●

본문 13쪽

1 사춘기 **2** 호르몬 **3** 감정 **4** 이성 **5** 긍정

◀ **글을** 이해해요 ▶

☑ 자기 평가

본문 14쪽

01 (내용 이해)
1 감정 **2** 남자 **3** 적게

○ ✕

02 (내용 이해)
1 키 **2** 외모 **3** 반항심

○ ✕

03 (내용 비판)
⑤

○ ✕

04 (중심 내용 쓰기)
　사춘기에는 호르몬의 분비와 뇌의 작용으로 우리의 몸과 마음에 여러 가지 변화가 나타나는데, 이러한 변화를 자연스럽게 받아들인다면 몸도 마음도 성숙한 어른이 될 수 있을 것이다.

○ ✕

01 **1** 3문단에서 사춘기에는 이성의 뇌에 비해 감정의 뇌가 거의 완성되어 활발하게 움직인다고 했어요.
2 2문단에서 사춘기를 전후로 남자는 몸속에 테스토스테론이라는 성호르몬이 특히 많이 분비된다고 했어요.
3 2문단에서 사춘기에는 감정의 기복을 조절해 주는 세로토닌이라는 호르몬이 적게 분비되어 감정 조절이 잘 안 된다고 했어요.

02 1문단에서 사춘기에 들어서면 키가 부쩍 크거나 목소리가 굵어지는 등의 몸의 변화가 나타난다고 했어요. 또 외모에 관심이 많아지고, 이유 없는 반항심이 생겨 부모님과 부딪치는 등의 마음의 변화도 나타난다고 했지요.

03 4문단에 사춘기를 잘 보낼 수 있는 방법이 제시되어 있는데, 사춘기 때 충동적으로 행동하는 것이 당연하므로 위험해도 재미있는 일을 해야 한다는 내용은 나와 있지 않아요.

(오답풀이)

①, ④ 발표자는 사춘기를 잘 보내려면 자신의 장점이나 좋은 점을 떠올려 보고, 스트레스를 풀 수 있는 취미 활동을 하는 것이 좋다고 했어요.
② 발표자는 마음이 힘들 때 부모님께 고민을 터놓고 대화해 보라고 했어요.
③ 발표자는 사춘기 때 일어나는 몸과 마음의 변화를 자연스럽게 받아들이면 성숙한 어른이 될 수 있을 것이라고 했어요.

04 이 발표에서는 사춘기의 의미와 사춘기 때 일어나는 변화의 원인을 설명하는 데 그치지 않고, 이 시기를 잘 보내면 몸도 마음도 성숙한 어른이 될 수 있을 것이라는 내용을 덧붙이고 있어요.

◀ **어휘를** 익혀요 ▶

본문 15쪽

01 **1** ✕ **2** ○ **3** ✕   **02** **1** 사춘기 **2** 반항심 **3** 충동적   **03** **1** 조절 **2** 이성 **3** 의존

03 스스로를 사랑해요

코칭 Tip 이 글은 스스로를 사랑하는 마음을 갖도록 노력할 것을 주장하는 글입니다. 자기 비하나 자기도취에 빠진 사람들이 보이는 문제점은 무엇이고, 올바른 자기애가 충만한 사람은 어떤 사람인지를 이해하며 글을 읽을 수 있도록 합니다.

① 오늘 학교에서 모둠별로 조사한 내용을 발표하는 시간이 있었다. 바다와 하늘이는 각각 자신이 속한 모둠의 발표자로서 열심히 발표했지만, 다른 모둠이 일 등을 차지했다. 발표 결과를 보고 『바다는 울적한 표정으로 모둠 친구들에게 말했다. "내가 발표만 잘했어도 일 등을 했을 텐데……. 내가 하는 일이 다 그렇지 뭐……. 난 정말 한심해."』 반면, 『하늘이는 모둠 친구들에게 화를 내며 말했다. "오늘 나보다 발표 잘한 사람 봤니? 너희가 자료 조사를 더 열심히 했으면 일 등을 할 수 있었다고. 다음부터는 나 혼자 하는 게 낫겠어!"』
『 』: 자기 비하를 하는 바다
『 』: 자기도취에 빠진 하늘이
▶ 자신을 올바르게 사랑하지 못하는 바다와 하늘이의 사례

② 바다는 스스로를 낮추어 보거나 하찮게 여기는 '자기 비하'에 빠져 있다. 바다는 우울한 표정으로 자신이 한심하다
자기 비하의 의미 / 자기 비하에 빠진 사람이 보이는 특징
고 말했지만, 그 말속에는 다른 사람에게 동정과 위로, 격려를 받고 싶은 마음이 숨어 있다. 다른 사람이 자신의 말에 그렇지 않다고 하며 관심을 기울여 주면, 상처받은 마음이 치유되어 자신감이 회복되는 느낌이 들기 때문이다. 하지만 『언제나 관심을 주어야 하는 사람과의 만남은 주변 사람을 감정적으로 쉽게 지치게 만든다. 또 함께 있으면 부정적인 감정이 전염되어 좋던 기분도 나빠지게 된다. 결과적으로 주변 사람들은 자기 비하에 빠진 사람을 점점 멀리하고, 자기 비하에 빠진 사람은 '역시 사람들은 날 싫어해.'라고 생각하며 더 깊은 자기 비하에 빠지는 악순환이 일어난다.』
『 』: 자기 비하에 빠진 결과

나는 왜 잘하는 게 아무것도 없을까?
우리 반에서 성적이 가장 좋은 네가 할 소리는 아닌 거 같은데?

▶ 바다의 사례를 통해서 본 자기 비하의 의미와 특징

③ 반면 하늘이는 자기 자신이 뛰어나다고 믿거나 자기중심적으로 생각하는 '자기도취'에 빠져
자기도취의 의미
있다. 하늘이는 발표에서 일 등을 하지 못하자 다른 사람에게 잘못을 돌렸다. 자기 자신은 과대평가하는 반면 다른 사람은 과소평가하는 것이다. 자기
자기도취에 빠진 사람이 보이는 특징 ①
도취에 빠진 사람은 늘 다른 사람과 자신을 비교하며 자기보다 잘된 사람은
자기도취에 빠진 사람이 보이는 특징 ②
시기하고, 자기보다 못한 사람은 무시한다. 그리고 자신이 가진 것을 과장하
자기도취에 빠진 사람이 보이는 특징 ③
고, 허풍을 떨며 다른 사람의 인정을 받으려고 한다. 그래서 자기도취가 지
나치면 깊은 인간관계를 유지하기 어렵다.
자기도취에 빠진 결과

내가 저 배우보다 훨씬 예쁘지? 코도 오똑하고 얼굴도 갸름하고.

▶ 하늘이의 사례를 통해서 본 자기도취의 의미와 특징

④ 바다와 하늘이의 공통점은 올바른 자기애가 결핍되어 있다는 것이다. 올바른 자기애는 자신을 있는 그대로 사랑하
중심 소재 / 올바른 자기애의 의미
는 마음을 뜻한다. 스스로를 사랑하면 다른 사람에게 위로받을 필요도 없고, 최고로 인정받지 못했다고 분노할 일도 없다. 자기 자신이 충분히 가치 있다고 여기기 때문에 다른 사람의 평가에 연연하지 않는다. 또한 스스로에게 이미 만족
올바른 자기애를 가진 사람이 보이는 특징 ①
하고 있기에 자기를 과시할 필요를 느끼지 못하고, 자기보다 못한 사람을 만나더라도 그 사람 나름대로의 가치를 인정
올바른 자기애를 가진 사람이 보이는 특징 ②
하게 된다. '나는 나대로 괜찮다.'라는 믿음이 쌓이면 자신은 물론 다른 사람에게도 너그러워질 수 있는 것이다. 이렇게
올바른 자기애를 가진 사람이 보이는 특징 ③
올바른 자기애가 충만한 사람은 만나는 것 자체로 즐거워진다. 내가 그런 사람이 되도록 노력해 보는 것은 어떨까?
▶ 올바른 자기애를 가진 사람이 되도록 노력하자는 제안

❯❯ 글 **내용** 한눈에 보기 ●●●

본문 17쪽

1 비하 **2** 위로 **3** 비교 **4** 자기애 **5** 사랑

◀ 글을 **이해해요** ▶▶

☑ 자기 평가

본문 18쪽

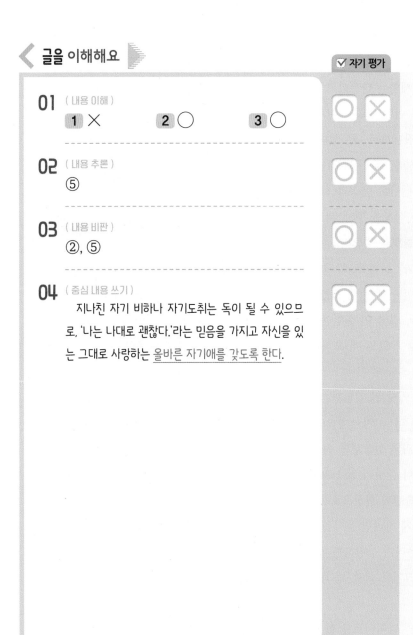

01 (내용 이해)
1 ✕   **2** ◯   **3** ◯

02 (내용 추론)
⑤

03 (내용 비판)
②, ⑤

04 (중심 내용 쓰기)
　　지나친 자기 비하나 자기도취는 독이 될 수 있으므로, '나는 나대로 괜찮다.'라는 믿음을 가지고 자신을 있는 그대로 사랑하는 <u>올바른 자기애를 갖도록 한다.</u>

01 **1** 3문단을 보면 자신이 가진 것을 과장하고 허풍을 떠는 사람은 자기 비하가 아니라, 자기도취가 심한 사람이 보이는 특징이라는 것을 알 수 있어요.
2 4문단에서 올바른 자기애가 충만한 사람은 자기 자신이 충분히 가치 있다고 여기기 때문에 다른 사람의 평가에 연연하지 않는다고 했어요.
3 3문단에서 자기도취에 빠진 사람은 늘 다른 사람과 자신을 비교하며 자기보다 잘된 사람은 시기하고, 자기보다 못한 사람은 무시한다고 했어요.

02 바다는 자기 비하에 빠져 있고, 하늘이는 자기도취에 빠져 있어요. 자기도취는 스스로 뛰어나다고 믿으면서 자신을 과대평가하는 것이 문제가 되므로, 친구들에게 실력을 과시할 필요가 있다고 말해 주는 것은 알맞지 않아요.

03 올바른 자기애가 충만한 사람은 속상해하는 친구에게 있는 그대로의 가치를 인정해 주는 말을 하며 친구를 진심으로 위로해 줄 거예요.

（오답 풀이）
올바른 자기애가 충만한 사람은 속상해하는 친구에게 ①과 같이 자기 자신을 비하하는 말이나, ③, ④와 같이 친구를 무시하는 말을 하지 않을 거예요.

04 이 글의 글쓴이는 결국 자신을 있는 그대로 사랑하는, 올바른 자기애가 충만한 사람이 되자고 말하고 있어요.

（이럴 땐 이렇게!） '올바른 자기애가 충만한 사람이 되어야 한다.', '올바른 자기애를 갖도록 노력한다.' 등도 답이 될 수 있어요. 글쓴이가 말하고자 하는 중심 내용인 '올바른 자기애'라는 말을 빠뜨리지 않고 쓰는 것이 중요해요!

◀ 어휘를 **익혀요** ▶▶

본문 19쪽

01 **1** ㄴ **2** ㄷ **3** ㄱ   **02** **1** 비하 **2** 치유되는 **3** 과시하기   **03** **1** 악순환 **2** 허풍 **3** 자기애

04 상상력 다이어트

> **코칭Tip** 이 글은 음식을 먹는 상상이 다이어트에 미치는 영향에 대해 설명하는 글입니다. 다이어트와 상상력의 상관관계에 대한 실험의 과정과 결과를 정리하고, 상상력이 다이어트에 어떻게 도움이 되는지를 파악하며 글을 읽을 수 있도록 합니다.

① 다이어트를 할 때 먹고 싶은 음식을 떠올리는 것은 다이어트에 어떤 영향을 미칠까? 다이어트를 하는 대다수의 사람들은 음식을 먹는 것을 참을 뿐 아니라 그 음식을 먹는 상상조차도 참아야 식욕을 억제할 수 있고, 다이어트에도 성공할 수 있다고 생각한다. 그런데 이 생각이 실제와는 다르다고 한다. 왜 그럴까?
다이어트에 대한 사람들의 일반적인 생각

▶ 음식을 먹는 상상이 다이어트를 방해한다는 일반적인 생각

② 한 연구진은 음식을 먹는 상상이 다이어트에 어떤 영향을 미치는지를 알아보기 위한 실험을 하였다. 『먼저 실험 참가자를 세 집단으로 나누었다. 이어 일정 시간 동안 첫 번째 집단은 초콜릿 30개를 먹는 상상을, 두 번째 집단은 초콜릿 3개를 먹는 상상을 하도록 하였다. 그리고 세 번째 집단은 음식과 전혀 상관없는 것을 상상하도록 하였다. 이후 연구진은 각각 다른 상상을 끝낸 세 집단의 실험 참가자들에게 초콜릿을 잔뜩 주고, 원하는 만큼 초콜릿을 먹으라고 하였다.』과연 세 집단 중 어느 집단이 초콜릿을 가장 적게 먹었을까? 실험 결과, 초콜릿 30개를 먹는 상상을 한 첫 번째 집단이 두 번째와 세 번째 집단에 비해 초콜릿을 적게 먹었다. 이는 사람들의 예상과는 전혀 다른 결과였다. 결국 이 실험은 자주 반복해서 음식을 먹는 상상을 하면 실제로는 그 음식이 앞에 있을 때 오히려 덜 먹는다는 것을 보여 주는 결과인 것이다.
실험 목적 / 『 』: 실험 과정 / 실험 결과 / 실험 결과가 의미하는 바

▶ 음식을 먹는 상상이 다이어트에 미치는 영향에 관한 실험과 그 결과

③ 그렇다면 상상만 했을 뿐인데 왜 음식을 덜 먹게 된 것일까? 그것은 어떤 자극을 반복적으로 제시하여 많이 경험할수록 점점 더 그 자극에 익숙해져서 자극에 대한 반응이 약해지는 '습관화' 현상이 일어났기 때문이다. 이러한 습관화 현상은 우리의 일상생활 속에서도 많이 찾아볼 수 있다. 예를 들어『짜거나 쓴 음식을 계속 먹을 경우 처음 먹었을 때보다 짠맛이나 쓴맛이 잘 느껴지지 않는 것, 까슬까슬한 옷을 입었을 때 옷감이 피부에 닿는 느낌이 처음에 비해 둔감해지는 것』도 습관화 현상으로 볼 수 있다.
습관화 현상의 의미 / 『 』: 습관화 현상의 예시

▶ 습관화 현상의 의미와 예시

④ 상상하는 것만으로도 습관화 현상이 일어나게 하려면 음식을 먹는 상상을 아주 구체적이고 세밀하게 반복하는 훈련을 하는 것이 좋다. 이때 구체적인 감각을 떠올리며 상상하는 것이 중요하다. 다시 말해 시각, 후각, 청각, 미각, 촉각과 같은 인간의 모든 감각을 동원하여 음식의 크기나 색깔, 음식에서 나는 냄새, 음식을 씹었을 때 나는 소리, 음식을 먹었을 때의 촉감과 맛을 떠올려 보는 것이다.
다이어트에 도움이 되는 상상 방법 ① / 다이어트에 도움이 되는 상상 방법 ② / 시각 / 후각 / 청각 / 촉각 / 미각

▶ 상상만으로 습관화 현상이 일어나게 하는 방법

⑤ 상상력 다이어트라니, 정말 신기하지 않은가? 다이어트를 할 때 먹고 싶은 음식을 마음껏 상상하면 오히려 허기를 잠재울 수 있다. 상상이 여러분의 다이어트에 도움을 줄 것이다.
중심 소재

▶ 먹고 싶은 음식을 마음껏 상상하는, 상상력 다이어트

글 내용 한눈에 보기 •••

본문 21쪽

1 다이어트 **2** 음식 **3** 초콜릿 **4** 자극 **5** 반응

글을 이해해요

✔ 자기 평가

본문 22쪽

01 (내용 이해)
③, ⑤

○ ✕

02 (내용 추론)
습관화 현상

○ ✕

03 (내용 추론)
④

○ ✕

04 (중심 내용 쓰기)
　　상상을 하는 것만으로도 습관화 현상이 일어날 수 있으므로, 먹고 싶은 음식을 마음껏 상상하는 것이 <u>다이어트에 도움을 줄 것</u>이다.

○ ✕

01 4문단에 상상만으로 습관화 현상이 일어나게 하는 방법이 나와 있어요. 음식을 먹는 상상을 반복하는 훈련을 하되, 음식을 먹을 때의 구체적인 감각을 떠올리며 상상하는 것이 중요하다고 했지요.

(오답 풀이)
①, ④ 이 글에서는 음식을 먹는 상상을 할 때 음식과 관련해서 인간의 모든 감각을 떠올려 보라고 했어요.
② 이 글에서는 음식을 마음껏 먹는 상상을 할 때 오히려 허기를 달랠 수 있어 다이어트에 도움이 된다고 했어요.

02 〈보기〉에서 큰 진돗개라는 자극을 반복해서 경험하다 보니 그 자극에 익숙해졌다는 것을 알 수 있어요. 이것은 3문단에서 설명하는 습관화 현상에 해당해요.

03 첫 번째 집단은 두 번째나 세 번째 집단에 비해 초콜릿을 아주 많이 먹는 상상을 했어요. 이와 같은 자극에 익숙해진 결과, 실제 초콜릿을 보아도 자극을 덜 받게 된 것이라고 할 수 있어요.

(오답 풀이)
①, ②, ⑤ 이 글에 제시되지 않은 내용이므로 첫 번째 집단이 초콜릿을 적게 먹은 까닭으로 보기에 알맞지 않아요.
③ 첫 번째 집단이 상상을 하며 다이어트에 대한 의지가 강해졌을지는 이 글을 통해 알 수 없어요.

04 이 글은 다이어트와 상상력의 상관관계를 실험한 내용을 바탕으로 다이어트를 할 때 음식을 먹는 상상을 하는 것이 다이어트에 도움이 된다는 것을 설명하고 있어요.

어휘를 익혀요

본문 23쪽

01 **1** ㄷ **2** ㄱ **3** ㄴ　　**02** **1** ✕ **2** ✕ **3** ○　　**03** **1** 허기 **2** 상상력 **3** 자극

05 화장의 역사

> **코칭 Tip** 이 글은 인류 최초의 화장에서부터 현대의 화장에 이르기까지 화장의 역사에 대해 설명하는 글입니다. 시대별, 나라별 화장에 담긴 재미있는 이야기를 파악하며 글을 읽을 수 있도록 합니다.

❶ 인류는 언제부터 무슨 까닭으로 화장을 시작했을까? 화장에 대한 최초의 기록은 고대 이집트인의 화장에서 찾을
중심 소재   : 외국 화장의 역사 ① - 고대 이집트인
수 있다. 이집트인은 먹으로 눈 주위를 칠해 눈이 크게 보이도록 화장을 했다. 이는 신의 보호를 받고 있다는 종교적 의
고대 이집트인이 화장을 한 목적
미를 나타낼 뿐만 아니라, 건조한 사막에서 눈을 보호하려는 목적이었다. 본격적으로 치장의 목적으로
화장을 한 것은 클레오파트라 시대부터이다. 클레오파트라는 자신의 단점을 가리고 아름다움을 표현하
클레오파트라가 화장을 한 목적
기 위해 다양한 광물과 흙을 이용해 눈썹을 짙게 그리고 눈두덩을 진하게 칠하는 화장을 했다. 그리스
: 외국 화장의 역사 ② - 그리스 시대
시대에는 얼굴을 하얗게 하는 화장이 주를 이루었다. 『외부에서 노동을 하지 않는 상류 계층일수록 피부
『 』: 그리스 시대의 사람들이 화장을 한 목적
가 하얬기 때문에 하얀 얼굴은 곧 부를 상징했다.』사람들은 얼굴을 하얗게 만들기 위해 납 성분이 들어
납 성분의 특징 ①: 얼굴을 하얗게 만듦
간 물질을 넣어 화장품을 만들기도 했다. 로마 시대에도 화장이 번성했는데, 하얀 얼굴과 붉은 입술을
: 외국 화장의 역사 ③ - 로마 시대
만들기 위해 식물을 이용해서 화장품을 만들었다고 한다.
▶ 고대 이집트인의 화장과, 그리스·로마 시대의 화장

❷ 중세 시대에 들어서면서 서양의 화장은 기독교의 영향을 많이 받았다. 이때는 인간의 욕
: 외국 화장의 역사 ④ - 중세 시대
망을 이성으로 억제해야 한다는 생각 때문에 화장이 금지되었다. 하지만 르네상스 시대로 넘
중세 시대에 화장이 금지되었던 이유   : 외국 화장의 역사 ⑤ - 르네상스 시대
어오면서 화장은 다시 살아났다. 영국의 엘리자베스 1세 여왕은 천연두 흉터를 가리기 위해
엘리자베스 1세 여왕이 화장을 한 목적
백연 가루를 발라 얼굴을 하얗게 만들었다. 여왕의 하얀 얼굴은 당시 미의 기준이 되었다. 하

지만 백연 가루의 납 성분 때문에 여왕은 피부가 퍼렇게 변했고, 여왕을 따라 하다가 납 중독
으로 죽는 사람까지 생겼다.
납 성분의 특징 ②: 납 중독을 유발함
▶ 중세 시대와 르네상스 시대의 화장

❸ 우리나라에서는 삼국 시대부터 화장이 발달한 것으로 보인다. 여자들은 입술이나 뺨에 붉은 빛깔의 연지를 찍어
: 우리나라 화장의 역사 ① - 삼국 시대 이후
생기 있게 보이도록 했다. 화장을 하는 남자들도 있었는데 신라의 화랑은 자신의 권위와
힘을 드러내기 위해 화장을 했다고 전해진다. 이후 일제 강점기인 1916년, 우리나라 최초
신라 시대 화랑이 화장을 한 목적   : 우리나라 화장의 역사 ② - 일제 강점기
의 브랜드 화장품인 박가분이 탄생했다. 이전에는 주로 가내 수공업으로 생산되던 분을
정식으로 허가를 받아 대량 생산한 것으로, 당시에 인기가 꽤 높았다. 하지만 박가분에
납 성분이 들어 있다고 알려지면서 생산이 중단되었다.
▶ 삼국 시대부터 일제 강점기에 이르는 과거 우리나라의 화장

❹ 현대 사회로 오면서 화장품을 만드는 기술이 발달하고 화장품이 대중화되어 많은 사람이 화장을 하게 되었다. 오
: 우리나라 화장의 역사 ③ - 현대 사회
늘날의 화장은 자신의 개성을 살릴 수 있는 하나의 문화로 자리 잡았다. 지금은 화장과 관련한 다양한 직업도 주목받고
현대 사회 화장의 문화 ①   현대 사회 화장의 문화 ②
있다. 『앞으로 화장은 자신을 표현하고 건강한 아름다움을 추구하는 방향으로 나아갈 것이며, 화장 산업은 신기술, 친환
『 』: 화장에 대한 글쓴이의 전망
경 등의 다양한 키워드를 중심으로 발전할 것이다. 오랜 역사 속에서 화장의 목적이나 기술이 다양하게 변화해 온 것처
이 글의 주제 문장
럼 앞으로의 화장도 끊임없이 변화해 나갈 것이다.』
▶ 현대 사회에서 화장의 발전과 화장에 대한 전망

≫ 글 내용 한눈에 보기 ●●●

본문 25쪽

① 얼굴　**②** 르네상스　**③** 화랑　**④** 박가분　**⑤** 개성

◀ 글을 이해해요 ▶

☑ 자기 평가

본문 26쪽

01 (내용 이해)
③　　　　　○ ✕

02 (내용 추론)
납　　　　　○ ✕

03 (내용 비판)
②　　　　　○ ✕

04 (중심 내용 쓰기)
　　외국이든 우리나라든 오랜 역사 속에서 <u>화장의 목적</u>
<u>이나 기술이 다양하게 변화</u>해 온 것처럼 앞으로의 화장
도 끊임없이 변화해 나갈 것이다.
　　　　　○ ✕

01 1문단을 보면, 그리스 시대에 상류 계층은 바깥에서 일을 하지 않아 피부가 하얬기 때문에 그 당시 사람들은 하얀 얼굴이 부를 상징한다고 여겨 얼굴을 하얗게 화장했다고 했어요. 또한 로마 시대에도 하얀 얼굴로 화장을 하는 것이 번성했다고 했지요. 따라서 그리스·로마 시대에 까무잡잡한 피부가 아름다운 피부로 여겨졌다는 내용은 알맞지 않아요.

(오답 풀이)
① 3문단에서 삼국 시대부터 여자들은 입술이나 뺨에 붉은 빛깔의 연지를 찍었다고 했어요.
② 2문단에서 중세 시대에 기독교의 영향을 받아 화장이 금지되었다고 했어요.
④ 1문단에서 고대 이집트인은 사막에서 눈을 보호하기 위한 목적으로 먹으로 눈 주위를 칠했다고 했어요.
⑤ 2문단에서 르네상스 시대에 엘리자베스 1세 여왕을 따라 백연 가루로 화장을 하다 납독이 올라 죽는 사람까지 생겼다고 했어요.

02 ㉠은 1문단에서 피부를 하얗게 보이게 하려고 납 성분이 들어간 물질을 화장품에 넣었다는 데서 알 수 있는 내용이에요. ㉢은 2문단에 나와 있는 내용이며, ㉡은 3문단에 나와 있는 내용이에요.

03 4문단에서 글쓴이는 앞으로 화장이 건강한 아름다움을 추구하는 방향으로 나아갈 것이며, 화장 산업 또한 다양한 방향으로 발전할 것이라고 했어요. 이를 통해 글쓴이가 화장 문화의 변화에 대해 긍정적으로 전망하고 있음을 알 수 있어요.

(이럴 땐 이렇게!) 발문에 '관점'이라는 말이 나오면 어떤 대상이나 현상에 대한 글쓴이의 태도가 어떠한지 생각해 보면 돼요. 긍정적인지, 비판적인지, 불안하게 여기고 있는지 등을요.

04 이 글은 외국과 우리나라의 화장의 역사에 대한 내용을 다루면서 앞으로의 화장에 대한 글쓴이의 전망까지 제시하고 있어요.

◀ 어휘를 익혀요 ▶

본문 27쪽

01 **①** ㉠　**②** ㉢　**③** ㉡　　**02** **①** 치장　**②** 대중화　**③** 허가　　**03** **①** 권위　**②** 광물　**③** 화장

소금과 설탕이 궁금해

코칭 Tip 이 글은 소금과 설탕의 특성에 대해 설명하는 글입니다. 소금과 설탕이 각각 어디에 쓰이고, 어디에서 잘 녹는지를 파악하며 글을 읽을 수 있도록 합니다.

1 소금과 설탕은 둘 다 겉으로 보기에는 하얀 가루여서 구분이 쉽지 않지만 소금은 짠맛, 설탕은 단맛을 낸다는 차이
중심 소재 　　　　　　　소금과 설탕의 공통점 　　　　　　　　　　　　　　　　소금과 설탕의 차이점
가 있다는 점은 모두 알 것이다. 그렇다면 우리가 매일같이 먹는 소금과 설탕에 대해 얼마나 알고 있는지 한번 살펴보자.
　　　　　　　　　　　　　　　　　　　　　　　　　　　　　　　　　▶ 소금과 설탕에 대한 소개

2 먼저 소금은 우리 몸에 꼭 필요한 물질이다. 『소금은 소화가 잘 되도록 도와주고, 신경과 근육이 하는 일을 돕는다.
　　　　　　　　　　　　　　　　『 』: 소금이 우리 몸에서 하는 일
또한 심장과 뇌가 제 기능을 하게 만든다.』하지만 소금을 너무 많이 먹으면 우리 몸속에 있는 수분이 부족해진다. 그래
　　　　　　　　　　　　　　　　　　　　　　　　　소금을 과다 섭취했을 때의 문제점
서 우리 몸은 소금을 꼭 필요한 양만 남기고 나머지는 땀, 눈물, 대변, 소변 등으로 내보낸다. ▶ 소금이 우리 몸에서 하는 역할

3 흔히 소금은 음식의 간을 맞출 때 넣지만, 음식을 오래 보관하기 위해 사용하기도 한다. 생선에 소금을 뿌리는 이
　　　　　　　　　　　　　　　　소금의 용도 ①
유가 그것이다. 생선이나 육류, 채소 등을 소금에 절이면 미생물의 번식을 막아 이들을 오랜 시간 보존할 수 있다. 소금
은 먹는 용도 외에 어디에 쓰일까? 해마다 생산되는 소금 가운데 4분의 3은 산업용으로 쓰인다. 소금의 구성 성분을 각
　　　　　　　　　　　　　　　　　　　　　　산업용으로 더 많이 사용되는 소금
각 다른 요소들과 결합하여 종이, 비닐, 플라스틱, 유리 등을 만드는 데에 이용하기도 하고, 겨울철 빙판길에 쌓인 눈을
　　　　　　　　　　　　　　　소금의 용도 ②　　　　　　　　　　　　　　　　소금의 용도 ③
녹이는 데에 이용하기도 한다. ▶ 소금의 용도

4 한편 설탕도 소금처럼 음식을 오래 보관하기 위해 사용한다. 설탕이 습기를 잘 흡수해 음식이 마르는 것을 막아 주
　　　　　　　설탕의 용도 ①
기 때문이다. 빵과 케이크를 만들 때 설탕을 넣으면 단맛을 내면서 발효도 돕고, 고기나 생선을 조리할 때 넣으면 음식
　　　　　　　　　　　　　　설탕의 용도 ②　　　　　　　　　　　　　　　설탕의 용도 ③
을 부드럽게 만든다. 『설탕은 사탕수수나 사탕무와 같은 식물에서 얻는데, 설탕의 원료가 되는 요소를 즙으로 만들어 불
　　　　　　　　　　『 』: 설탕을 만드는 과정
순물을 여과하고 색깔을 빼면 하얀 설탕이 된다.』 ▶ 설탕의 용도와 설탕을 만드는 과정

5 그러면 소금과 설탕 모두 물에 잘 녹을까? 소금을 물에 넣으면 소금과 물이 섞여서 소금물이 되고, 설탕을 물에 넣
으면 마찬가지로 설탕물이 된다. 이처럼 두 물질이 골고루 섞이는 현상을 용해라고 하며, '녹는다'라고 표현한다. 그리
　　　　　　　　　　　　　　　　　　　　　　용해의 의미
고 용해가 일어난 액체는 용액이라고 한다. 소금물을 보면 소금이 사라진 것처럼 보이지만 사실은 매우 작은 크기로 나
　　　용액의 의미
뉘어 물속에 섞인 것이다. 물 200 g에 소금 100 g을 넣으면 소금물이 300 g이 되는 것을 보면 알 수 있다. 하지만 소금
　　　　　　　　　　　　　　　소금과 물의 무게를 합치면 소금물의 무게가 됨
을 식용유에 넣으면 소금이 바닥에 천천히 가라앉는다. 그래서 소금을 식용유에 넣은 것은 용액이라고 하지 않는다.
　　　소금은 식용유에 용해되지 않음　　　　　　　　　　　　　　　　　　　　　　　▶ 소금과 설탕의 용해 작용

6 소금이나 설탕처럼 물에 녹는 가루를 빨리 녹이는 방법이 있다. 각설탕과 같이 덩어리가 큰 것보다 가루 설탕과 같
이 덩어리가 작을수록 더 빨리 녹는다. 물에 가루를 넣고 그냥 두는 것보다 막대로 저어 주면 더 빨리 녹는다. 또 차가
소금과 설탕 가루를 물에 빨리 녹이는 방법 ①　　　　　　　　　　　　소금과 설탕 가루를 물에 빨리 녹이는 방법 ②
운 물보다는 뜨거운 물에서 더 빨리 녹고, 물의 양이 적을 때보다 물의 양이 많을 때 더 빨리 녹는다.
　소금과 설탕 가루를 물에 빨리 녹이는 방법 ③　　　　　　　소금과 설탕 가루를 물에 빨리 녹이는 방법 ④ ▶ 소금이나 설탕을 물에 빨리 녹이는 방법

❯❯ 글 내용 한눈에 보기 ●●●

본문 29쪽

1 소금 **2** 눈 **3** 보관 **4** 발효 **5** 물 **6** 빨리

◀ 글을 이해해요 ▶

☑ 자기 평가   본문 30쪽

01 (내용 이해)
③
○ ✕

02 (내용 추론)
⑤
○ ✕

03 (내용 비판)
1 가루 설탕   **2** 100 ℃   **3** 500 mL
○ ✕

04 (중심 내용 쓰기)
　　우리가 매일같이 먹는 소금과 설탕은 우리의 생활 속에서 각기 다양한 용도로 쓰이며, 둘 모두 물에 넣으면 두 물질이 골고루 섞이는 용해 작용이 이루어진다.
○ ✕

01 3문단의 마지막 문장을 보면 빙판길에 쌓인 눈을 녹이는 데 사용하는 것은 설탕이 아니라 소금임을 알 수 있어요.

(오답 풀이)
① 4문단을 보면 설탕이 사탕수수나 사탕무와 같은 식물에서 얻을 수 있다는 것을 알 수 있어요.
②, ④ 2문단을 보면 소금은 소화가 잘 되도록 도와주는 역할을 하지만, 너무 많이 먹으면 우리 몸속에 있는 수분이 부족해진다는 것을 알 수 있어요.
⑤ 3문단과 4문단의 첫 문장을 보면 소금과 설탕이 음식을 오래 보관할 때 쓰인다는 것을 알 수 있어요.

02 5문단에서 소금을 식용유에 넣으면 물에 넣었을 때와 다르게 녹지 않기 때문에 소금이 바닥에 가라앉는다고 했어요.

(오답 풀이)
①, ② 소금과 물이 섞여서 소금물이 되는 것을 용해라고 하며, 용해가 일어난 액체를 용액이라고 해요.
③, ④ 소금물은 소금이 매우 작은 크기로 나눠져 물속에 섞인 것이에요. 이것은 소금의 무게와 물의 무게를 합치면 소금물의 무게와 같다는 것을 통해서도 알 수 있어요.

03 다른 조건은 모두 동일하고 설탕의 모양, 물의 온도, 물의 양처럼 하나의 조건만 다르다고 한다면, 6문단에 제시된 내용과 같이 설탕의 덩어리가 가루 설탕처럼 작을 때, 물의 온도가 높을 때, 물의 양이 많을 때 설탕이 더 빨리 녹겠지요.

(이럴 땐 이렇게!) 그림이 같이 나오는 문제는 그림이 글의 내용을 정확하게 반영하고 있는지 따져 보아야 해요.

04 이 글은 우리가 매일같이 먹는 소금과 설탕의 다양한 쓰임새와 용해 작용에 대해 설명하고 있어요.

◀ 어휘를 익혀요 ▶

본문 31쪽

01 **1** ㄴ **2** ㄷ **3** ㄱ   **02** **1** ✕ **2** ○ **3** ○   **03** **1** 번식 **2** 용액 **3** 원료

07 신기한 입체 그림

> 코칭 Tip 이 글은 매직아이에서 느낄 수 있는 입체감에 대해 설명하는 글입니다. 차원에 대한 이해를 바탕으로 매직아이에서 입체감을 느낄 수 있는 이유를 파악하며 글을 읽을 수 있도록 합니다.

❶ 3D 영화를 보면 화면에서 무엇인가가 튀어나올 것 같은 느낌이 드는데, 오른쪽에 있는 그림에서도 이와 유사한 느낌을 받을 수 있다. 이러한 그림을 흔히 매직아이라고 부르는데 정식 명칭은 스테레오그램(stereogram)으로, 입체 그림 혹은 입체 사진을 뜻한다. 매직아이는 실제로는 2차원의 평면 그림이지만 3차원의 입체 그림으로 보인다. 『매직아이에서 3차원의 입체감을 보다 잘 느끼기 위해서는 눈의 초점을 그림보다 뒤에 맞추거나 그림 바로 앞에 맞추어 보면 된다. 초점을 뒤로 맞추려면 멍하게 쳐다보면 되고 초점을 앞으로 맞추려면 눈동자가 몰리게 하면

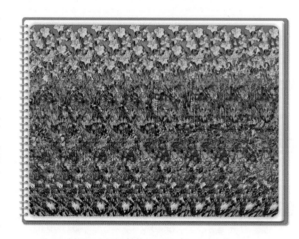

된다.』 이와 같은 방법으로 이 그림을 들여다보면 도토리를 들고 있는 다람쥐가 3차원 입체 그림으로 보일 것이다.

> ▶ 매직아이를 3차원의 입체 그림으로 보는 방법 제시

❷ 3차원이란 가로, 세로, 높이라는 세 개의 숫자로 위치를 표시하는 공간을 말하며, 현재 우리가 살고 있는 입체적 공간이 곧 3차원에 해당한다. 『차원을 알아보려면 먼저 종이에 선을 하나 그어 보자. 선은 1차원이다.』 이제 선을 몇 개 더해 네모를 그려 보자. 가로와 세로가 있는 2차원이 만들어졌다. 『네모에 선을 더해 사각기둥을 그려 보자. 가로, 세로에 높이까지 있는 3차원이 되었다.』 그렇다면 우리는 어떻게 2차원인 매직아이 그림을 3차원인 입체 그림으로 느낄 수 있는 걸까?

> ▶ 차원에 대한 구체적인 설명 제시

❸ 매직아이의 원리를 알기 위해서는 우리 눈에 대해 알아야 한다. 『앞에 사과가 두 개 있다고 생각해 보자. 30 cm 앞에는 초록 사과가 있고, 1 m 앞에는 빨간 사과가 있다. 눈으로 사과를 보면 초록 사과가 빨간 사과보다 앞에 있고, 빨간 사과는 초록 사과보다 뒤에 있음을 알 수 있다. 이러한 원근감은 어떻게 알 수 있을까? 답은 두 눈과 사물이 이루는 각도에 있다. 30 cm 앞의 사과와 1 m 앞의 사과를 볼 때, 30 cm 앞에 있는 사과와 두 눈이 이루는 각도가 더 크다.』 이처럼 사물과 두 눈이 이루는 각도가 크면 뇌는 사물이 가까이 있다고 판단하고, 각도가 작으면 사물이 멀리 있다고 여긴다.

각도가 큼
30 cm 앞의 사과

각도가 작음
1 m 앞의 사과

> ▶ 우리 눈이 원근감을 파악하는 방법

❹ 이제 검지 손가락을 펴서 눈앞에 가까이 대 보자. 그런 다음 왼쪽 눈을 가리고 오른쪽 눈으로 손가락을 바라보자. 이번에는 오른쪽 눈을 가리고 왼쪽 눈으로 손가락을 바라보자. 각 눈으로 본 손가락의 모양이 약간 다를 것이다. 사람의 두 눈은 서로 떨어져 있기 때문에 두 눈으로 보는 사물의 모습에는 차이가 있다. 평상시에 우리는 왼쪽 눈과 오른쪽 눈이 사물을 다르게 본다는 것을 인지하지 못한다. 하지만 우리의 뇌는 두 눈으로 본 사물의 작은 차이를 자동적으로 합하면서 사물의 입체감을 느끼게 한다. 매직아이는 이러한 원리를 이용해 우리의 뇌가 평면 그림을 보면서도 3차원 입체를 보고 있다고 착각하게 하는 것이다.

> ▶ 우리가 사물의 입체감을 느낄 수 있는 원리

≫ 글 내용 한눈에 보기 •••

본문 33쪽

1 평면 **2** 초점 **3** 각도 **4** 입체감 **5** 뇌

◀ 글을 이해해요

☑ 자기 평가

본문 34쪽

01 (내용 이해)
1 ✕   **2** ✕

○ ✕

02 (내용 이해)
⑤

○ ✕

03 (내용 이해)
1 가까이   **2** 멀리

○ ✕

04 (내용 추론)
⑤

○ ✕

05 (중심 내용 쓰기)
　우리의 뇌는 두 눈으로 본 사물의 작은 차이를 자동적으로 합하기 때문에 2차원의 평면 그림인 매직아이를 <u>3차원의 입체감 있는 그림</u>으로 느낄 수 있다.

○ ✕

01 **1** 가로와 세로가 있는 네모는 2차원이며, 여기에 높이를 더한 것이 3차원이에요.
2 사물의 원근감, 즉 멀고 가까운 정도는 왼쪽 눈과 오른쪽 눈 사이의 각도 차이에 따른 것이 아니라, 두 눈과 사물이 이루는 각도 차이에 따라 알 수 있어요.

02 1문단을 보면 매직아이를 보는 방법이 나와 있어요. 눈의 초점을 그림보다 뒤에 맞추려면 멍하게 쳐다보면 되고, 눈의 초점을 그림보다 앞에 맞추려면 눈동자가 몰리게 하여 쳐다보면 된다고 했어요.

(오답풀이)
① 양쪽 눈으로 본 사물의 차이가 입체감을 느끼게 하므로 한쪽 눈으로 매직아이를 보면 입체감을 느낄 수 없어요.
② 매직아이는 3차원이 아니라 2차원의 평면 그림이에요.
③ 선을 더해 네모를 그리는 것은 2차원을 만드는 방법일 뿐, 매직아이를 보는 방법은 아니에요.
④ 두 눈을 감으면 매직아이를 볼 수 없으므로 입체감을 느낄 수 없어요.

03 3문단에서 우리의 뇌는 사물과 두 눈이 이루는 각도가 크면 사물이 가까이 있다고 여기고, 반대로 각도가 작으면 사물이 멀리 있다고 여긴다는 것을 설명하고 있어요.

04 2문단에서 가로, 세로, 높이가 있는 것이 3차원이라고 했으므로 ⑤만 3차원에 해당하는 것을 알 수 있어요.

(오답풀이)
①은 1차원이고, ②, ③, ④는 2차원이에요.

05 이 글은 우리가 2차원의 평면 그림인 매직아이를 3차원의 입체감 있는 그림으로 볼 수 있는 이유를 설명하고 있어요.

◀ 어휘를 익혀요

본문 35쪽

01 **1** ㄱ **2** ㄷ **3** ㄴ   **02** **1** 자동적 **2** 입체감 **3** 착각   **03** **1** 초점 **2** 원근감 **3** 원리

08 옷차림 속 직업 이야기

코칭 Tip 이 글은 직업에 따른 옷차림에 대해 설명하는 글입니다. 각 직업의 특성과 그 직업을 가진 사람들이 그러한 옷차림을 하는 까닭을 관련지어 파악하며 글을 읽을 수 있도록 합니다.

1 '백의(白衣)의 천사'라는 말이 있다. 간호사를 아름답게 일컫는 말로, 예전에 간호사들이 흰옷을 입고 환자를 돌본 것에서 생겨났다. 이처럼 어떤 직업을 떠올리면 그에 맞는 옷차림이 자연스럽게 연상되는 경우가 있다. 예를 들어 의사

를 떠올리면 하얀 가운을 입고 있는 모습이 떠오르는 것처럼 말이다. 그렇다면 직업과 옷차림
　　　　　　　　　　　　　　　　　　　　　　　　　　　　　　　　　　　　중심 소재
에는 어떤 관계가 있는지 알아보자.
　　　　　　　　　　　　　　　▶ 직업과 옷차림의 관계에 대한 궁금증

2 흰옷을 입고 일하는 직업에 간호사, 의사만 있는 것은 아니다. 음식을 만드는 조리사나 연구실에서 실험을 하는 연구원도 흰옷을 입고 일한다. 이런 흰옷을 입는 직업에서 보이는 공통점은 모두 위생이 중요한 분야라는 것이다. 사람의 목숨을 다루는 일, 많은 사람이 먹을
　　흰옷을 입는 직업의 공통점　　　　　　　　간호사, 의사가 하는 일　　　　조리사가 하는 일
음식을 만드는 일, 미세한 오차도 허용하지 않고 정확한 실험 결과를 얻어야 하는 일은 다른
　　　　　　　　　　　　　　　　　연구원이 하는 일
직업들보다 특히 위생이 중요하다. 그렇기 때문에 오염된 것을 쉽게 알아차리기 위하여 흰옷
　　　　　　　　　　　　　　　　　　　　　　　　흰옷을 입는 이유
을 입는 것이다.
　　　　　　　　　　▶ 흰옷을 입고 일하는 직업

3 소방관은 화재 및 재난이나 재해가 일어났을 때, 이에 대응하며 국민을 보호하는 일을 한다. 소방관이 화재를 진압
　　　　　　　　소방관이 하는 일
할 때 입는 특수 방화복만 해도 4kg이다. 안전 헬멧과 방화 두건, 안전 장갑, 안전화, 공기 호흡기 세트까지 착용하면 그 무게가 20kg이 넘는다. 이렇게 엄청난 무게를 견디면서도 특수복과 보호 장비를 착용하는 이유는 다름 아닌 안전 때문이다. 위험한 화재 현장에서 불길, 유독 가스, 외부의 충격 등으로부터 소방관의 몸을 보호하기 위해서는 반드시
　소방관이 특수 방화복과 보호 장비를 갖추어야 하는 이유
특수 방화복과 보호 장비를 갖추어야 한다.
　　　　　　　　　　　　　　　　　▶ 소방관의 옷차림

4 재판정에서 피고에 대한 벌을 결정하여 판결을 내리는 판사는 법복을 입는다. 법복은
　　　　　　　　　　판사가 하는 일
판사가 나라를 대표하여 법을 집행한다는 권위를 보여 주며 엄숙한 분위기를 자아낸다. 『검
　　　　　　　　　　판사가 법복을 입는 이유
은색 가운에는 자줏빛으로 된 앞단이 있고, 여기에는 법원을 상징하는 문양이 수놓아져 있

『 』: 법복의 상징적인 의미
다. 법복 안에는 흰 셔츠나 블라우스를 입고 무궁화 무늬가 수놓인 은회색 타이를 맨다. 법복 가운의 검은색에는 상징적인 의미가 담겨 있다. 어떤 색에도 물들지 않는 검은색처럼 외부 환경에 동요하지 않고, 오직 법과 원칙에 따라 판결을 내리는 판사의 독립성을 상징하는 것이다.』
　　　　　　　　　　　　　　▶ 판사의 옷차림

5 앞에서 살펴본 것처럼 특정한 옷차림을 꼭 갖추어야 하는 직업도 있지만, 대부분의 직업은 그렇지 않다. 다만 직업에 적합한 옷차림을 할 필요는 있다. 공무원, 교사, 바리스타 등은 직접 사람을 대하는 직업이므로 친근하고 편안한 느
　　　　　　　　　　직업에 적합한 옷차림의 예 ①: 공무원, 교사, 바리스타
낌을 줄 수 있는 옷차림을 하는 것이 적절하다. 은행 직원, 금융 상품 개발자 등과 같은 전문 직업은 상대방에게 신뢰감
　　　　　　　　　　　　　　　　　　직업에 적합한 옷차림의 예 ②: 은행 직원, 금융 상품 개발자
을 줄 수 있도록 격식을 갖춘 정장 차림을 하는 것이 좋다. 반면 개성과 창의성을 중시하는 광고·예술 계열의 직업은
　　　　　　　　　　　　　　　　　　　　　　　　　　직업에 적합한 옷차림의 예 ③: 광고·예술 계열의 직업
상대적으로 자유롭게 옷을 입기도 한다. 『훗날 직업인이 되면 해당 직업의 특성을 고려하여 때와 장소, 상황에 적절한
　　　　　　　　　　　　　　　『 』: 글쓴이의 의견 – 직업의 특성을 고려하여 그에 맞는 옷차림을 할 필요가 있음
옷차림을 할 필요가 있다는 것을 기억하자.』
　　　　　　　　　　▶ 직업의 특성을 고려한 옷차림의 필요성

글 내용 한눈에 보기 •••

본문 37쪽

① 직업 ② 위생 ③ 소방관 ④ 화재 ⑤ 법원

글을 이해해요

✓ 자기 평가

본문 38쪽

01 (내용 이해)
⑤

02 (내용 이해)
보호

03 (내용 비판)
②

04 (중심 내용 쓰기)
　간호사, 의사, 소방관, 판사와 같이 정해진 옷차림을 해야 하는 직업도 있고 그렇지 않은 직업도 있지만, 직업의 특성을 고려하여 <u>때와 장소, 상황에 적절한 옷차림</u>을 할 필요가 있다.

01 5문단에서 창의성을 중시하는 광고·예술 계열의 직업은 상대적으로 자유롭게 옷을 입기도 한다고 했어요.

（오답 풀이）
①, ② 2문단에서 간호사, 의사, 조리사, 연구원과 같은 직업은 위생이 중요하기 때문에 흰옷을 입는 것이라고 했어요.
③ 5문단에서 대부분의 직업은 특정한 옷차림을 갖추지 않는다고 했어요.
④ 1문단에서 '백의의 천사'는 흰옷을 입은 간호사를 아름답게 일컫는 말이라고 했어요.

02 3문단에서 소방관이 화재를 진압하거나 인명을 구조할 때 특수복과 보호 장비를 착용하는 이유는 불과 열로부터 소방관의 몸을 보호하기 위한 것이라고 했어요.

03 판사는 나라를 대표하여 법을 집행하기 때문에 권위, 엄숙함, 독립성 등이 중요한데, 이를 상징적으로 보여 주는 것이 검은색 가운의 옷차림이에요.

（오답 풀이）
① 법복은 재판정에서 판결을 내리는 판사가 입는 옷이에요.
③, ④ 4문단에서 법복과 그 안에 입는 옷 등을 설명하고 있어요. 법복에는 자줏빛으로 된 앞단이 있고, 여기에 법원을 상징하는 문양이 수놓아져 있어요. 검은색 가운 안에는 흰색 옷을 입고 은회색 타이를 매지요.
⑤ 판사는 법복을 입음으로써 법을 집행한다는 권위를 보여 주고 엄숙한 분위기를 형성하는 것이에요.

04 이 글은 특정한 옷을 입는 직업의 옷차림과 그런 옷차림을 하는 이유를 설명하고 있어요. 그리고 마지막 문단에서 글쓴이는 직업의 특성을 고려하여 때와 장소, 상황에 적절한 옷차림을 해야 할 필요가 있다고 말하고 있어요.

어휘를 익혀요

본문 39쪽

01 ① ㄴ ② ㄱ ③ ㄷ　　**02** ① ✕ ② ○ ③ ○　　**03** ① 오차 ② 위생 ③ 판결

09 화산이 분출한다

> **코칭 Tip** 이 글은 화산이 만들어지는 과정에 대해 설명하는 글입니다. 화산이 어떻게 만들어지는지, 우리나라에는 어떤 종류의 화산이 있는지를 파악하며 글을 읽을 수 있도록 합니다.

1 화산은 불을 뿜고 연기를 쏟아내며 폭발한다. 화산이 어떻게 만들어지는지 궁금하다면 지금 서 있는 곳에서 땅속으로 계속 파고들어 간다고 상상해 보자. 땅속으로 내려갈수록 100미터마다 온도는 약 2~3도씩 높아지고, 위에서 누르는 힘인 압력도 계속 높아진다. 지구 깊숙한 곳의 온도는 암석을 녹일 정도로 높고 그 힘이 강력하다. 이렇게 높은 온도 때문에 암석이 녹아 반액체로 된 것을 마그마라고 한다. 마그마에는 여러 가지 기체가 많이 들어 있어 가볍기 때문에 땅 표면 쪽으로 천천히 올라오면서 주변의 암석을 녹인다. 마그마는 어떤 암석이 주로 녹아 있느냐에 따라 차지고 끈끈한 성질인 점성이 다르다. ▶ 마그마의 뜻과 특징

2 『땅속에 있던 마그마가 내부의 높은 압력을 견디지 못하면 땅의 약한 부분을 뚫고 조금씩 올라온다. 그러다가 지표면의 틈으로 가스가 솟구친 뒤에 이어서 마그마가 뿜어져 나온다.』이러한 현상을 화산 분출이라고 한다. 화산이 분출할 때 나오는 가스를 화산 가스, 마그마가 땅 위로 나와 흐르는 것을 용암이라고 한다. 화산 분출이 일어나면 가스나 용암뿐 아니라 암석 조각, 화산재, 화산탄 등도 공기 중으로 쏟아져 나온다. ▶ 화산 분출의 과정과 이때 나오는 물질들

3 화산은 땅속에 있던 마그마가 밖으로 나올 때 어떻게 나오는지, 용암의 점성이 어떠한지에 따라 모양이 달라진다. 용암의 점성이 낮으면 용암은 천천히 멀리까지 흘러가는데, 이렇게 만들어진 화산은 경사가 완만하다. 이런 화산은 방패를 엎어 놓은 모양처럼 생겼다고 하여 순상 화산이라고 한다. 용암의 점성이 높으면 용암이 잘 흐르지 못해 화산의 경사가 급해지는데, 이렇게 생긴 화산은 종처럼 생겼다고 하여 종상 화산이라고 한다. 한라산은 전체적으로 순상 화산이나 백록담 주변은 종상 화산에 해당하며, 울릉도는 섬 전체가 종상 화산이다. 또 용암과 암석 조각, 화산재 등이 번갈아 쌓이면서 화산이 되기도 하는데, 이렇게 층을 이룬 화산을 성층 화산이라고 한다. 화산은 대부분 산 모양을 이루지만, 용암이 한꺼번에 밖으로 터져 나와 땅을 넓게 덮으면 편평한 모양의 용암 대지가 나타나기도 한다. 일본의 후지산이 성층 화산의 대표적인 예이고, 우리나라의 개마고원이 용암 대지의 대표적인 예이다. ▶ 모양에 따른 화산의 종류

4 화산 가스와 용암이 솟구쳐서 뿜어져 나오는 구멍인 분화구 가장자리에 용암이 높은 담처럼 굳어지면 분화구는 움푹 파인 모양이 된다. 이 분화구에 물이 고여 호수가 된 것을 화구호라고 하는데, 보통 화구호는 둥근 모양이고 크기도 작다. 한라산에 있는 백록담이 화구호이다. 화산 활동 이후에 분화구 주변이 무너지거나 아래로 빠지면서 크게 파이는 경우가 있는데, 이를 칼데라라고 부른다. 칼데라에 물이 고여 호수가 된 것을 칼데라호라고 부른다. 백두산 꼭대기에 있는 천지가 칼데라호이다. ▶ 화구호와 칼데라호의 뜻과 특징

▲ 화구호인 한라산의 백록담

▲ 칼데라호인 백두산의 천지

글 내용 한눈에 보기 •••

본문 41쪽

1 마그마 **2** 가스 **3** 방패 **4** 종상 **5** 화구호 **6** 칼데라

글을 이해해요

☑ 자기 평가

본문 42쪽

01 (내용 이해)
⑤ ○ ✕

02 (내용 추론)
② ○ ✕

03 (내용 비판)
시후 ○ ✕

04 (중심 내용 쓰기)
땅속에 있던 마그마가 지표면의 틈으로 뿜어져 나오는 것을 화산 분출이라고 하는데, 이때 용암의 점성에 따라 화산의 모양이 <u>순상 화산, 종상 화산, 성층 화산, 용암 대지</u>로 달라지며, 분화 활동 이후 분화구에 물이 고여 호수가 되기도 한다. ○ ✕

01 2문단에서 땅속 마그마가 내부의 높은 압력을 견디지 못하면 땅의 약한 부분을 뚫고 나와서 화산 분출이 일어난다고 했어요.

(오답 풀이)
① 3, 4문단을 통해 백두산과 한라산은 화산에 해당한다는 것을 알 수 있어요.
②, ③ 2문단에서 화산이 폭발할 때 가스가 솟구친 뒤에 마그마가 뿜어져 나온다고 했으며, 마그마가 땅 위로 나와 흐르는 것을 용암이라고 했어요.
④ 4문단을 통해 화산 활동 이후 분화구에 물이 고여 호수가 된다는 것을 알 수 있어요.

02 점성은 끈적끈적한 성질을 말해요. 따라서 마그마의 점성이 '낮으면' 용암이 잘 흘러내려 경사가 완만할 것이고, 반대로 점성이 '높으면' 용암이 잘 흐르지 않아 경사가 급할 것이라는 것을 알 수 있어요.

03 1문단에서 마그마는 어떤 암석이 주로 녹아 있느냐에 따라 끈끈한 정도인 점성이 달라진다고 했어요.

(오답 풀이)
• 해인: 3문단에서 화산은 대부분 산 모양이지만, 편평한 모양의 용암 대지도 있다고 했어요.
• 도윤: 3문단에서 울릉도는 섬 전체가 종상 화산이고, 일본의 후지산은 성층 화산이라고 했어요.
• 지완: 4문단을 통해 한라산의 백록담은 칼데라호가 아니라 화구호임을 알 수 있어요.

04 이 글은 화산이 만들어지는 과정을 설명하면서 화산의 종류에는 순상 화산, 종상 화산, 성층 화산, 용암 대지가 있고, 화산이 분출된 이후 분화구에는 어떤 호수가 생기는지에 대한 내용을 다루고 있어요.

어휘를 익혀요

본문 43쪽

01 **1** ㄷ **2** ㄱ **3** ㄴ   **02** **1** 화산 **2** 움푹 **3** 완만하다   **03** **1** 폭발 **2** 경사 **3** 분출

> **코칭 Tip** 이 글은 마을에 마지막으로 남은 풍차 방앗간을 운영하는 코르니유 영감에 대한 이야기입니다. 이야기 속 인물이 변화하는 시대에 어떻게 대응하는지를 파악하며 글을 읽을 수 있도록 합니다.

1 이보게. 우리 고장이 옛날에도 지금처럼 조용하고 한적한 곳은 아니었다네. 『마을은 밀을 빻으러 오는 농부들로 북적였고, 방앗간의 풍차도 계속 돌았어. 흥겨운 노랫소리와 기쁨이 넘치는 곳이었단 말일세.』 마을이 이토록 쓸쓸해진 건 도시에 사는 녀석들이 증기 방앗간을 세우면서부터일세. 사람들은 근사한 최신식 증기 방앗간으로 몰려갔어. 결국 마을 방앗간이 하나둘 문을 닫기 시작했고, 힘차게 돌아가던 풍차도 멈추어 갔지.

2 단 한 곳, 이 재앙에도 꿋꿋이 버티고 있는 풍차 방앗간이 있었어. 바로 코르니유 영감의 방앗간이었지. 영감은 60년 동안이나 해 온 방앗간 일을 아주 자랑스럽게 생각했어. 『나뿐 아니라 모두가 이해할 수 없었던 것은 더 이상 아무도 영감에게 밀을 빻으러 가지 않는데도 영감네 방앗간의 풍차 날개는 여전히 돌고 있는 것이었네. 게다가 저녁때가 되면 영감은 이따금 밀을 가득 담은 자루를 짊어진 당나귀와 함께 동네를 지나다녔어.』 모두들 어찌 된 영문인지 궁금해했지만 저마다 코르니유 영감의 비밀을 상상해 볼 뿐이었어.

3 어느 날, 코르니유 영감의 손녀 비베트와 내 큰아들이 서로 사랑하고 있다는 것을 알게 되었어. 나는 두 아이의 결혼을 상의하려고 코르니유 영감의 방앗간을 찾아갔지만 문전 박대를 당했지. 내 이야기를 들은 두 아이는 곧 영감의 방앗간으로 달려갔네. 방앗간에 코르니유 영감이 보이지 않자 아이들은 몰래 방앗간 안으로 들어가 보기로 했어. 영감이 도대체 방앗간 안에 무엇을 숨겨 놓았는지 확인해 보려고 한 거야.

4 『아아, 그런데 이게 웬일이란 말인가? 방앗간 안은 텅텅 비어 있었고, 밀알 한 톨 보이지 않았어. 아무리 눈을 씻고 보아도 최근에 밀을 빻은 흔적을 찾을 수 없었어. 자루에는 자갈과 허연 흙뿐이었네.』 자, 이제 코르니유 영감의 비밀을 알겠나? 증기 방앗간에 일거리를 빼앗긴 지 한참이 지났지만, 영감은 일거리가 있는 것처럼 사람들을 속여 왔던 거야. 당나귀가 싣고 오가던 자루엔 옛 방앗간의 폐기물이 들어 있었던 거고. 그렇게라도 영감은 자신의 풍차 방앗간의 명예를 지키고 싶었던 거야. 아이들은 눈물을 흘리며 돌아왔고, 그 이야기를 들은 내 가슴도 찢어질 듯 아팠네. 『나는 즉시 마을 사람들에게 이 사실을 알렸네.

"밀을 최대한 많이 모아서 코르니유 영감에게 가져다줍시다."

마을 사람들은 밀을 모아 당나귀 등에 실어서 영감의 풍차 방앗간으로 향했어.』

5 코르니유 영감은 누군가 자신의 비밀을 눈치챈 것이 슬퍼서 울고 있었어. 그 무렵에 밀을 실은 당나귀들이 방앗간에 도착했어. 사람들은 밀을 담은 자루를 방앗간 앞에 쌓았고, 잘 익은 금빛 밀알들이 자루에서 쏟아졌어. 그것을 본 코르니유 영감의 얼굴은 금방 환해졌어.

"아아, 밀이다! 이렇게 잘 익은 밀은 처음이야."

우리는 비로소 우리가 지켜야 할 것이 무엇인지 깨달았지. 그래서 영감에게 일감을 주기로 다짐했고, 그 다짐은 오래도록 지켜졌네. 하지만 세월이 흐른 뒤 코르니유 영감이 세상을 떠나자 우리의 마지막 풍차 방앗간도 영원히 멈추었다네. 『풍차의 시대도 지나가 버린 것이지. 우리도 이제는 그 사실에 익숙해질 수밖에 없을 것일세.』

❯❯ 글 내용 한눈에 보기 •••

본문 45쪽

① 증기 **②** 코르니유 **③** 나 **④** 밀 **⑤** 풍차

◀ 글을 이해해요 ▶

✔ 자기 평가

본문 46쪽

01 (내용 이해)
⑤

◯ ✕

02 (내용 추론)
⑤

◯ ✕

03 (내용 추론)
① 밀 **②** 풍차

◯ ✕

04 (중심 내용 쓰기)
도시의 증기 방앗간에 일거리를 빼앗긴 지 한참이 지났지만 코르니유 영감은 사람들을 속이며 풍차를 계속 돌렸는데, 그 비밀을 알게 된 마을 사람들은 영감에게 계속 일감을 주었고 코르니유 영감이 세상을 떠나자 <u>풍차 방앗간도 영원히 멈추었다.</u>

◯ ✕

01 4문단에서 '나'가 마을 사람들에게 코르니유 영감의 비밀을 알리면서 밀을 최대한 많이 모아 영감에게 가져다주자고 했어요. 이에 마을 사람들은 상심한 코르니유 영감에게 밀을 가져다주어 영감이 다시 방앗간 일을 할 수 있게 되었어요.

(오답풀이)
① 코르니유 영감의 손녀와 '나'의 큰아들은 풍차가 멈추기를 바라지 않았어요.
②, ③ 코르니유 영감은 마을에서 마지막까지 풍차 방앗간을 열었고, 영감이 세상을 떠나자 풍차 방앗간이 영원히 멈추게 되었어요.
④ 마을 사람들이 도시에서 밀을 가져왔는지는 알 수 없어요.

02 이 글에 코르니유 영감이 다른 사람의 비밀을 지켜 주었다는 내용은 나와 있지 않아요.

(오답풀이)
①, ② 코르니유 영감은 풍차 방앗간의 명예를 지키고 싶어 마을 사람들을 속이면서까지 고집스럽게 풍차를 돌린 거예요.
③, ④ 코르니유 영감은 60년 동안이나 방앗간 일을 하는 것을 자랑스럽게 여겼어요.

03 2문단을 보면 마을에서 유일하게 코르니유 영감만이 풍차를 계속 돌리고, 밀 자루를 짊어진 당나귀와 함께 마을을 지나다녔다고 했어요. 하지만 4문단을 보면 코르니유 영감이 풍차 방앗간에서 밀을 빻은 것이 아니라 옛 방앗간의 폐기물, 즉 자갈과 흙을 빻은 것이라는 비밀이 드러나지요.

04 이 글은 도시에 최신식 증기 방앗간이 생기면서 마을의 풍차 방앗간들이 사라져 갔지만, 끝까지 풍차 방앗간의 전통과 명예를 지키고자 했던 코르니유 영감에 대한 이야기예요.

◀ 어휘를 익혀요 ▶

본문 47쪽

01 **①** ◯ **②** ◯ **③** ✕   **02** **①** 폐기물 **②** 영문 **③** 방앗간   **03** **①** 비밀 **②** 명예 **③** 재앙

나라를 구한 백성들

본문 48~49쪽

코칭 Tip 이 글은 임진왜란 당시 나라를 지킨 우리 백성의 이야기를 신문 기사의 형식으로 전달한 글입니다. 임진왜란 때 의병과 승려, 부녀자들이 나라를 지키기 위해 어떤 노력을 했는지를 살펴보며 글을 읽을 수 있도록 합니다.

역사 신문

❶ 특집 기사 의병, 일어서다

1592년 4월, 도요토미 히데요시는 대규모 군대를 보내 조선을 침략했다. 조선의 군사와 백성들은 부산에 상륙한 일본
일본의 새로운 통치자인 도요토미 히데요시가 임진왜란을 일으킴
군에 맞서 싸웠지만 신식 무기로 무장한 일본군에게 패하고 말았다. 왕과 신하들은 한양을 떠나 피란을 갔고, 관군들도
달아나기 바빴다. 이런 상황에서 나라 곳곳에서 일어난 의병의 활약은 눈부셨다. 양반, 농민, 노비 할 것 없이 참여한 의
중심 소재   신분과 관계없이 모두가 나라를 지키고자 의병이 됨
병은 처음에는 마을을 지키기 위해 모였다가 규모를 키워 소부대로 활동했다. 의병은 근방의 지리에 밝다는 이점을 전투
강력한 일본군에 맞설 수 있는 의병의 전략
에 이용하여 일본군이 지나가는 길목에 숨어 있다가 일본군을 급습했다. 나라를 구하기 위해 백성들이 자발적으로 조직
의병의 의의
한 군대인 의병. 그들이 있었기에 나라를 지키고, 백성들이 삶을 지탱할 수 있었다.
▶ 임진왜란이 일어나자 나라를 구하기 위해 자발적으로 조직한 의병

❷ 이달의 인물 ［ ㉠ ］

임진왜란 당시, 가장 먼저 의병을 일으킨 곽재우. 붉은 옷을 입고 백마를 탄 곽재우는 스스로 '홍의 장군'이라고 했
다. 사실 붉은 옷은 눈에 쉽게 띄어서 전투에서 표적이 될 확률이 높은데, 곽재우는 부하 여러 명에게 붉은 옷을 입혀서
곽재우의 전술 ①: 붉은 옷을 여럿에게 입혀 일본군에게 혼란을 줌
누가 진짜 곽재우인지 모르게 위장하였다. 곽재우는 일본군이 혼란에 빠진 틈을 타 공격하여 적군을 무찔렀다. 그의 부
대는 낙동강 일대를 중심으로 활동하며 큰 공을 세웠다. 특히 경상도에서 전라도로 가는 길목인 정암진을 지켜 쌀이 가
곽재우의 전술 ②: 일본군이 전투 식량을 얻을 수 있는 전라도 지역을 지켜 냄
장 많이 나는 지역인 전라도를 일본군이 점령하지 못하도록 막아 냈다. 이것이 바로 '정암진 전투'로, 일본군의 기세를
크게 꺾은 소중한 승리였다. 심리전과 전술에 탁월했던 곽재우의 용맹함을 기려 보자. ▶ 가장 먼저 의병을 일으킨 홍의 장군 곽재우

❸ 사람을 구합니다 승병 모집

승려들로 조직된 의병 부대에서 승병을 모집합니다. 전란 상황이니 나이가 많거나 병약한 승려는 기도를 하고, 젊은
=승병
승려는 전장에 나가 싸웁시다. 이미 묘향산의 서산 대사와 금강산의 사명 대사는 승려들을 이끌고 나가 명나라 군대와
승병과 명나라 군대가 함께 일본군에게 빼앗겼던 평양성을 되찾음
힘을 합쳐 일본군에게 함락되었던 평양성을 되찾았습니다. 승려들이 전국 각지에서 의병을 일으켜 활약하고 있으니,
함께 나라를 구하러 나갑시다.
▶ 승려들로 조직된 의병 부대인 승병

❹ 깜짝 인터뷰 행주 대첩에서 활약한 부녀자를 만나다

임진왜란 3대 대첩으로 불리는 행주 대첩에 참여하셨다고 들었는데요, 그때의 상황을 설명해 주시겠어요?

전라도 관찰사였던 권율 장군은 일본군의 손에 넘어간 한양을 되찾기 위해 군대를 이끌고 행주산성에 진을 쳤어요.
조선 군사보다 세 배나 많고 신식 무기로 무장한 일본군과의 싸움은 점점 힘들어졌어요. 화살과 포탄이 부족해지자 우
당시 우리 군대는 일본군보다 힘이나 세력이 많이 약했던 상황임을 알 수 있음
리 부녀자들은 치마에 돌을 날라 조선 군사를 지원했지요. 많은 분들이 행주 대첩은 부녀자의 활약으로 승리한 전투라
고 오해하시는데, 우리가 힘을 보탠 것은 사실이나 그것이 승리에 결정적인 역할을 한 것은 아니었답니다. 행주 대첩은
행주 대첩의 의의
관군과 승병, 의병, 부녀자까지 모두가 힘을 합쳐 나라를 지킨, 의미 있는 전투라고 생각해 주세요.
▶ 행주 대첩에서 치마로 돌을 날라 전투를 도운 부녀자

글 내용 한눈에 보기 •••

본문 49쪽

① 임진왜란 **②** 홍의 **③** 정암진 **④** 승병 **⑤** 행주

글을 이해해요

☑ 자기 평가

본문 50쪽

01 (내용 이해)
② ◯ ✕

---

02 (내용 추론)
④ ◯ ✕

---

03 (내용 비판)
② ◯ ✕

---

04 (중심 내용 쓰기)
　　임진왜란이 일어나자 가장 먼저 의병을 일으킨 곽재 ◯ ✕
우, 승려들로 조직된 의병인 승병, 행주 대첩에서 활약
한 부녀자들 모두 일본군에 맞서 싸웠기에 조선이라는
나라를 지킬 수 있었다.

01 1문단을 통해 의병은 일본군의 침략으로 한양이 함락된
후 왕과 신하들이 멀리 피란을 떠난 상황에서 백성 스스로 일
으킨 조직임을 알 수 있어요.

(오답 풀이)
① 3문단에서 임진왜란 당시 승려들로 조직된 의병 부대도
있었다고 했어요.
③, ④ 의병은 관군들도 달아난 상황에서 양반, 농민, 노비 할
것 없이 마을을 지키기 위해 모였다가 결국 나라를 지켰어요.
⑤ 나라 곳곳에서 일어난 의병은 그 근방의 지리에 밝다는
이점을 전투에 이용하여 일본군을 공격했어요.

02 신문 기사의 제목은 기사의 핵심을 드러내야 하는데, 기
사에서 곽재우가 노비 출신이었다는 내용은 나와 있지 않아요.

03 4문단에서 전라도 관찰사였던 권율 장군은 일본군에게
함락된 한양을 되찾기 위해 관군, 승병, 의병을 이끌고 행주
산성에 진을 쳤다고 했어요.

(오답 풀이)
① 3문단에서 나이가 많은 승려는 나라를 위해 기도를 하라
고 했어요.
③ 3문단에서 서산 대사와 사명 대사가 이끈 승병은 명나라
군대와 힘을 합쳐 평양성을 되찾았다고 했어요.
④ 4문단에서 부녀자들이 행주 대첩의 승리에 힘을 보탠 것
은 사실이나 그들의 도움이 승리를 거두는 데 결정적인 역할
을 한 것은 아니라고 했어요.
⑤ 2문단에서 곽재우의 의병 부대는 정암진 전투에서 승리해
일본군으로부터 전라도 지역을 지켜 냈다고 했어요.

04 이 글은 임진왜란 때 나라를 지킨 백성들에 대한 이야기
를 그들의 신분과 활동 지역, 활약 내역을 중심으로 보여 주
고 있어요.

어휘를 익혀요

본문 51쪽

01 **①** ㄴ **②** ㄱ **③** ㄷ　　**02** **①** 급습하여 **②** 지탱하고 **③** 활약　　**03** **①** 전란 **②** 표적 **③** 의병

12 동물들이 집단을 이루는 이유

① 동물들은 끊임없이 경쟁하므로 혼자 살아가는 것보다는 협동하며 사는 것이 이롭다. 그래서 많은 동물들이 협동을 위한 특별한 행동을 발전시켜 왔는데, 그중 하나가 같은 종의 동물끼리 집단생활을 하는 것이다. 집단은 자연의 여러 가지
중심 소재
위험 속에서 동물들이 살아남는 데 도움이 될 때 만들어진다. 그러면 동물들이 어떤 이유로 집단을 이루는지 알아보자.
집단은 동물들의 생존에 도움이 될 때 형성됨 ▶ 생존을 위해 집단을 이루며 살아가는 동물들

② 먼저 포식자에게 붙잡힐 가능성을 줄이기 위해서 많은 개체가 단순히 무리를 지어 다니는 경우가 있다. 예를 들어
동물들이 집단을 이루는 이유 ①
'샐파'라는 플랑크톤은 사슬처럼 연결되어 떼로 다니기도 하는데, 그렇게 함으로써 많은 숫자와 색깔이 포식자들에게
포식자에게 붙잡힐 가능성을 줄이기 위해 집단을 이루는 동물의 예 ①
혼동을 일으켜 개체들이 살아남을 가능성이 커진다. 또 초원에 사는 가젤들도 포식자를 피하려고 집단을 이룬다. 가젤
포식자에게 붙잡힐 가능성을 줄이기 위해 집단을 이루는 동물의 예 ②
은 치타와 같은 맹수들이 공격해 오면 무리 지어 도망가면서 폴짝폴짝 뛰어오른다. 이때 보이는 가젤의 꼬리 쪽 하얀
털이 맹수에게 혼란을 주는 동시에 다른 개체들을 향해 도망가라는 신호를 보내는 역할을 한다.
▶ 동물들의 집단 형성 이유 ①: 포식자에게 붙잡힐 가능성을 줄이기 위함

③ 반면에 포식자들은 먹잇감이 되는 다른 동물들을 보다 효과적으로 잡기 위해 무리를 이루어 협동으로 공격을 하기
동물들이 집단을 이루는 이유 ②
도 한다. 아프리카의 사자가 대표적인 예이다. 사자는 보통 여러 마리가 무리를 지어 살며, 사냥은 주로 암사자들이 한
먹잇감을 효과적으로 사냥하기 위해 집단을 이루는 동물의 예
다. 암사자들 중 일부는 사냥감을 쫓아가며 한쪽으로 몰아가고, 그쪽에 숨어 있던 나머지 사자들이 기습 공격을 하는
경우가 많다. 또한 여러 마리의 사자가 함께 공격함으로써 기린과 같이 자기보다 더 큰 동물을 사냥할 수도 있다.
▶ 동물들의 집단 형성 이유 ②: 다른 동물들을 보다 효과적으로 잡기 위함

④ 다음으로 혹독한 자연환경 속에서 살아남기 위해 집단을 이루는 경우가
동물들이 집단을 이루는 이유 ③
있다. 이런 동물들의 예로는 황제펭귄이 있다. 남극 대륙에 사는 수천 마리의
혹독한 자연환경을 극복하기 위해 집단을 이루는 동물의 예
황제펭귄들은 좁은 지역에 모여서 서로 몸을 빈틈없이 단단히 붙여 체온을
유지한다. 『펭귄이 이렇게 서로 엉켜서 모여 있는 것을 허들링이라고 하는데,
『 』: 황제펭귄이 허들링을 하는 이유
허들링을 하고 있는 집단의 가운데는 찬 바람이 들어오지 않아 따뜻한 열기
가 유지되지만 가장자리는 여전히 춥다. 그래서 펭귄들은 바깥쪽에 있던 펭
귄들이 안쪽으로 들어갈 수 있도록 계속해서 조금씩 자리를 바꾸며 따뜻함을 나눈다.』
▶ 동물들의 집단 형성 이유 ③: 혹독한 자연환경 속에서 살아남기 위함

⑤ 마지막으로 효율성을 높이기 위해 개체들이 각자의 역할을 나누어 집단을 이루는 경우가 있다. 개미는 여왕개미를
동물들이 집단을 이루는 이유 ④   효율성을 높이기 위해 역할을 나누어 집단을 이루는 동물의 예
중심으로 계급이 있고 각자의 일을 맡아서 하며 다른 개체들과 적극적으로 상호 작용을 한다. 수개미는 짝짓기를 위해
존재하며, 여왕개미는 짝짓기 후 알을 낳는 역할을 한다. 그리고 일개미는 여왕개미의 시중들기, 애벌레 키우기, 먹이
모으기 등을 한다. 일개미 중 덩치가 크고 양턱이 발달한 병정개미는 외부의 적들과 싸우거나 개미집의 입구를 지키는
역할을 한다.
▶ 동물들의 집단 형성 이유 ④: 효율성을 높이기 위해 개체들이 각자의 역할을 나눔

글 내용 한눈에 보기 •••

본문 53쪽

① 포식자 **②** 살파 **③** 협동 **④** 자연 **⑤** 역할

글을 이해해요

✓ 자기 평가

본문 54쪽

01 (내용 이해)
① 암사자 **②** 병정개미 **③** 가젤

○ ✕

02 (내용 이해)
③

○ ✕

03 (내용 추론)
②

○ ✕

04 (중심 내용 쓰기)
동물들은 포식자에게 붙잡힐 가능성을 줄이기 위해 혹은 다른 동물들을 효과적으로 잡기 위해 집단을 이루기도 하고, 혹독한 자연환경 속에서 살아남기 위해 혹은 개체의 역할 분담으로 효율성을 높이기 위해 집단을 이루기도 한다.

○ ✕

01 **1** 3문단에서 사자는 무리 지어 사는 육식 동물로 사냥은 주로 암사자들이 한다고 했어요.
2 5문단에서 병정개미는 덩치가 크고 양턱이 발달해 적과 싸우거나 입구를 지키는 일을 한다고 했어요.
3 2문단에서 가젤은 포식자에게 붙잡힐 가능성을 줄이기 위해 무리를 지어 산다고 했어요.

02 이 글은 동물들이 집단을 이루는 이유라는 중심 내용에 대해 문단별로 네 가지의 이유를 들어 설명하는 나열 구조를 보이고 있어요.

03 3문단에서 암사자 여러 마리가 함께 공격함으로써 자기보다 더 큰 동물을 사냥할 수 있다고 했으므로 사자 혼자서는 몸집이 큰 동물을 쉽게 사냥할 수 없을 거예요.

(오답풀이)
① 살파는 포식자에게 붙잡힐 가능성을 줄이기 위해 떼를 지어 다니므로 집단에서 떨어져 나온 살파는 포식자들에게 금방 잡아먹힐 거예요.
③ 허들링을 하는 펭귄 집단의 가운데는 따뜻한 열기가 유지되므로 안쪽에 있는 펭귄이 점차 바깥쪽으로 나와 줘야 따뜻함을 나눌 수 있을 거예요.
④ 일개미의 역할 중 여왕개미의 시중들기, 먹이 모으기가 있는 것으로 보아 여왕개미는 스스로 먹이를 구하러 다니지 않을 것임을 짐작할 수 있어요.
⑤ 공격을 받아 뛰어오르면서 보이는 가젤의 하얀 털이 다른 개체들에게 도망가라는 신호를 준다고 했으므로 이를 본 다른 가젤들도 따라서 뛰며 도망갈 거예요.

04 이 글은 다양한 동물들을 예로 들어 동물들이 집단생활을 하는 여러 가지 이유를 설명하고 있어요.

어휘를 익혀요

본문 55쪽

01 **1** ㄷ **2** ㄱ **3** ㄴ **02** **1** 혹독 **2** 맹수 **3** 기습 **03** **1** 포식자 **2** 혼동 **3** 집단

13 욕심을 이용하면 사냥도 쉽다

코칭 Tip 이 글은 동물의 특성을 이용한 사냥 방법에 대해 설명하는 글입니다. 곰과 원숭이를 쉽게 사냥하는 과정을 순서대로 파악하고, 거기에서 얻을 수 있는 교훈을 이해하며 글을 읽을 수 있도록 합니다.

① 사람들은 옛날부터 고기, 가죽, 뿔 등을 얻기 위해 동물들을 사냥해 왔다. 『맨몸으로 동물을 쫓아가 잡았던 원시인들은 점차 활, 창과 같은 도구를 사용하거나 개, 매와 같은 동물을 길들여 이용함으로써 쉽게 사냥할 수 있게 되었다.』 수렵 생활을 하는 일부 부족들은 동물의 특성을 이용하여 더욱 간단하게 사냥을 하기도 했다. 그들이 어떤 방법으로 지혜롭게 사냥을 했는지 살펴보자.

▶ 과거의 사냥 방법 소개

② 아메리카 인디언 부족들 사이에서 전해 내려오는 곰을 사냥하는 방법이 있다. 『먼저 곰의 머리만 한 크기의 돌덩이를 준비하고, 거기에 곰이 좋아하는 달콤한 꿀을 잔뜩 바른다. 그다음엔 꿀을 바른 돌을 곰이 서 있을 때의 머리 높이쯤으로 해서 튼튼한 나뭇가지에다가 매달아 놓는다.』 이것이 곰 사냥 준비의 전부이다. 기다리다 보면 곰이 꿀 냄새를 맡고 나타난다. 곰은 그 돌에 묻어 있는 꿀을 먹으려고 앞발을 들고 돌을 잡으려고 노력하지만 나뭇가지에 매달려 있는 돌을 잡기는 쉽지 않다. 『돌은 오히려 곰의 앞발 동작에 뒤로 밀렸다가 앞으로 돌아오면서 곰의 머리를 때린다. 다시 곰이 그 돌을 잡으려고 하면 또 돌이 어느새 다가와 곰의 머리를 더 세게 친다.』 그러면 곰은 '저놈이 나를 계속 때렸겠다. 어디 누가 이기나 끝까지 해 볼까?' 하는 생각에 돌을 더 꽉 잡으려고 계속해서 달려든다. 하지만 곰이 돌을 세게 치면 칠수록 돌은 더 큰 반작용으로 곰에게 돌아오게 된다.』 결국 곰은 되돌아오는 돌에 계속 맞아 큰 충격을 받게 되고 마침내 쓰러지고 만다. 이렇게 저돌적인 곰의 성격을 이용해서 인디언들은 힘들이지 않고 곰을 잡는다고 한다.

▶ 아메리카 인디언 부족이 곰을 사냥하는 방법

③ 한편 북아프리카의 원주민들에게는 원숭이를 생포하는 전통적인 방법이 있다. 『원숭이의 손이 겨우 들어갈 정도의 입구가 좁은 항아리 안에 원숭이가 좋아하는 먹잇감인 견과류를 집어넣는다. 그런 다음 그 항아리를 원숭이가 자주 다니는 길목에 놓고, 원숭이가 항아리를 들고 도망가지 못하도록 무거운 돌을 넣고 고정한다.』 이것으로 원숭이를 사냥하기 위한 준비는 모두 끝났다. 냄새를 맡고 온 원숭이는 항아리의 좁은 입구로 손을 넣고 견과류를 꺼내려고 애쓴다. 하지만 처음 집어넣을 때 쉽게 들어가던 빈손과는 달리 견과류를 잔뜩 움켜쥔 손은 구멍에서 절대 빠지지 않는다. 사실 원숭이는 주먹을 풀기만 하면 탈출할 수 있는데, 어리석게도 사람들이 다가와도 손에 쥔 먹이를 놓지 않아 결국 잡힌다. 손에 들어온 것은 놓지 않는 원숭이의 습관을 이용한 사냥 방법이다.

▶ 북아프리카 원주민이 원숭이를 사냥하는 방법

④ 동물의 특성을 이용해 손쉽게 사냥하는 아메리카 인디언들과 북아프리카의 원주민들은 참으로 현명하다. 반면에 이 이야기에서 보이는 곰과 원숭이의 모습을 통해 우리는 무엇을 배울 수 있을까? 바로 자신의 욕심에 지나치게 집착하지 않는 자세가 필요함을 알 수 있다. 곰이 돌을 이겨 보겠다는 마음과 원숭이가 먹이를 꼭 가지고 가야겠다는 마음을 버렸다면 사람들에게 잡히지 않았을 것이다. 지나친 욕심은 소중한 시간을 낭비하게 만들고, 더 중요한 것을 놓치게 만든다. 이때의 탈출 방법도 간단하다. 욕심을 내려놓는 것이다.

▶ 곰과 원숭이의 사냥 이야기를 통해 얻을 수 있는 교훈

❯❯ 글 내용 한눈에 보기 •••

본문 57쪽

❶ 특성 ❷ 곰 ❸ 꿀 ❹ 습관 ❺ 욕심

◀ 글을 이해해요 ▶

✓ 자기 평가

본문 58쪽

01 (내용 이해)
❶ ✕   ❷ ◯

⃝ ✕

02 (내용 이해)
②

⃝ ✕

03 (내용 추론)
⑤

⃝ ✕

04 (중심 내용 쓰기)
곰과 원숭이의 특성을 이용하여 손쉽게 사냥하는 이야기를 통해 우리는 자신의 욕심에 지나치게 집착하지 않는 자세가 필요함을 배울 수 있다.

⃝ ✕

01 ❶ 곰은 꿀을 바른 돌을 쉽게 잡지 못하고 오히려 그 돌에 머리를 맞아 아메리카 인디언들에게 잡히게 돼요.
❷ 북아프리카 원주민들은 원숭이를 잡기 위해 입구가 좁은 항아리 안에 원숭이가 좋아하는 견과류를 넣어 놓아요.

02 2문단은 인디언 부족이 곰 사냥을 하는 방법을 시간의 순서에 따라 설명하고 있어요. 곰의 사냥 과정을 순서대로 나열하면 다음과 같아요. 큰 돌덩이에 꿀을 잔뜩 바른다(ㄱ). → 꿀 바른 돌을 곰이 서 있을 때의 머리 높이 정도로 나뭇가지에 매단다(ㄹ). → 곰이 꿀을 먹으려고 앞발을 든 채 돌을 잡으려고 달려든다(ㄷ). → 곰이 자신의 머리를 세게 친 돌에 계속 맞아 쓰러진다(ㄴ).

03 글쓴이는 동물의 입장에서 생각하면 욕심이 소중한 시간을 낭비하고 중요한 것을 놓치게 만든다고 말하면서 욕심을 내려놓는 것을 해결 방법으로 제시하고 있어요. 그런데 가진 것을 어느 하나 포기하지 않는 것은 욕심에 집착하는 행동으로 볼 수 있어요.

(오답 풀이)
① 4문단에서 간단한 탈출 방법으로 욕심을 내려놓는 것을 제시하고 있어요.
② 곰과 원숭이는 눈앞에 놓인 먹을 것을 먹고야 말겠다는 마음에 집착해서 사람들에게 잡히게 되었어요.
③ 지나친 욕심은 소중한 시간을 낭비하게 만든다고 했어요.
④ 인디언과 원주민들은 동물의 특성을 알고 그에 따른 준비를 해서 손쉽게 사냥을 할 수 있었어요.

04 이 글은 동물의 특성을 이용하면 간단히 사냥할 수 있음을 곰과 원숭이의 사냥 방법을 통해 보여 주고 있어요. 그리고 곰과 원숭이의 모습을 통해 욕심에 지나치게 집착하지 않는 자세가 필요하다는 교훈을 덧붙여 제시하고 있지요.

◀ 어휘를 익혀요 ▶

본문 59쪽

01 ❶ ㄴ ❷ ㄱ ❸ ㄷ   **02** ❶ 낭비할 ❷ 집착하지 ❸ 저돌적인   **03** ❶ 생포 ❷ 욕심 ❸ 반작용

14 임금님은 일식이 걱정이야

코칭 Tip 이 글은 과거 우리 선조들이 일식을 어떻게 생각했는지에 대해 설명하는 글입니다. 조선 시대 기록을 통해 그 당시 사람들이 일식을 어떻게 생각했고, 세종 대왕이 천문학 분야에 어떤 업적을 세웠는지를 파악하며 글을 읽을 수 있도록 합니다.

1 지구는 태양 주변을 돌고, 달은 지구 주변을 돈다. 그러다가 '태양 – 달 – 지구' 순으로 일직선에 놓이는 순간이 있는데, 이때에는 달이 태양과 지구 사이에 놓여 태양을 일부 또는 전부 가리는 현상인 일식이 펼쳐진다. 일식이 일어나면 대낮에도 주변이 밤처럼 캄캄해진다. 오늘날은 과학의 발달로 일식이 일어나는 이유도 밝혀지고 사람들이 일식을 재미있는 구경거리로 여기기도 한다. 그럼 옛날 사람들은 어땠을까?
▶ 일식 현상에 대한 과학적 원리와 개념

2 예로부터 태양은 모든 생명의 원천으로 왕을 상징하였다. 그래서 태양이 빛을 잃는 현상을 불길한 징조로 여기고, 덕이 부족한 왕에게 하늘이 내리는 경고라고 믿으며 두려워하였다. 조선 시대 기록에는 일식이 일어나면 왕과 신하들이 소복을 입고 북을 치며 다시 태양이 나오기를 기다렸다는 내용이 있다. 이렇게 태양을 구하는 의식을 '구식례'라고 한다. 당시 우리 선조들은 일식이 일어나는 정확한 원인은 알지 못하였지만 어떠한 때가 되면 '일어날 일'이라는 것은 알고 있었고, 일식이 일어날 때를 예측하는 것을 매우 중시하였다.
▶ 일식 현상에 대한 우리 선조들의 인식

3 우리 선조들이 일식을 두려워하기만 한 것은 아니다. 당시 조선은 중국 명나라에서 받아온 달력을 사용하고 있었다. 하지만 이 달력에서 예측한 일식이 일어날 날과, 조선에서 실제 일식이 일어나는 날은 달랐다. 이것을 보고 세종은 중국 달력이 우리나라와 맞지 않는다는 것을 깨달았다. 중국의 북경과 조선의 한양은 지리적 위치가 달라 일식이 일어나는 시간도 달랐던 것이다. 이후 세종은 우리에게 꼭 맞는 달력을 만들기 위해 천체를 연구하는 일에 지원을 아끼지 않았고 그 결과 '간의, 앙부일구, 자격루' 등 많은 기구가 만들어졌다. 간의는 행성과 별의 위치 등을 관측하는 기구이고, 앙부일구는 그릇 안쪽에 눈금을 새기고 바늘을 꽂아, 이 바늘의 그림자가 가리키는 눈금으로 시각을 측정하는 해시계이다. 자격루는 물받이 통에 물이 고이면 스스로 소리를 내서 시간을 알리는 물시계이다.
▶ 일식을 정확하게 예측하기 위하여 천체 연구에 많은 지원을 한 세종

간의

앙부일구

자격루

4 그렇게 20여 년의 노력을 들인 끝에 세종은 한양을 기준으로 태양이 뜨고 지는 시간을 찾아낸 달력을 완성하였다. '칠정산'이라는 달력이 그것이다. 이 달력은 1년을 365.2425일, 1달을 29.530593일로 정하고 있는데, 이 수치는 오늘날과 크게 차이가 없다. 당시 자기 나라에 꼭 맞는 달력을 만들 수 있는 나라는 아랍과 중국밖에 없었다. 두 나라에 이어 자신만의 달력으로 일식을 예측할 수 있었던 나라가 바로 조선이다. 일식을 더 정확히 알기 위하여 천체에 관심을 두고 많은 연구를 한 결과 조선의 과학 기술이 크게 발달할 수 있었다.
▶ 우리나라에 꼭 맞는 달력을 완성하여 일식을 예측한 세종

✅ 글 내용 한눈에 보기 •••

본문 61쪽

① 일식 **②** 달 **③** 태양 **④** 덕 **⑤** 세종 **⑥** 칠정산

글을 이해해요

✅ 자기 평가

본문 62쪽

01 (내용 이해)
④

○ ✕

02 (내용 추론)

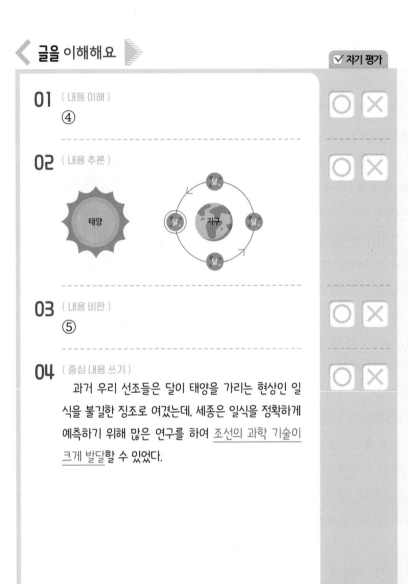

○ ✕

03 (내용 비판)
⑤

○ ✕

04 (중심 내용 쓰기)
　　과거 우리 선조들은 달이 태양을 가리는 현상인 일식을 불길한 징조로 여겼는데, 세종은 일식을 정확하게 예측하기 위해 많은 연구를 하여 <u>조선의 과학 기술이 크게 발달</u>할 수 있었다.

○ ✕

01　2문단을 보면 우리 선조들은 왕을 상징하는 태양이 빛을 잃는 현상인 일식을 불길한 징조로 여겼음을 알 수 있어요. 그래서 일식을 덕이 부족한 왕에게 하늘이 내리는 경고라고 생각했지요.

(오답 풀이)
① 1문단에서 일식이 일어나면 낮도 밤처럼 캄캄해진다고 했어요.
② 2문단에서 조선의 왕과 신하들은 일식이 일어나면 '구식례'를 치렀다고 했어요.
③ 4문단에서 세종이 완성한 '칠정산'이라는 달력은 1년을 365.2425일, 1달을 29.530593일로 정하였는데, 이는 오늘날과 크게 차이가 없다고 했어요.
⑤ 3문단에서 세종 때 일식이 일어날 날을 알기 위해 연구를 한 결과 간의, 앙부일구, 자격루 등이 만들어졌다고 했어요.

02　1문단을 통해 일식은 '태양 – 달 – 지구' 순으로 일직선에 놓일 때 달이 태양을 가리는 현상이라는 것을 알 수 있어요. 따라서 달이 태양과 지구 사이에 있을 때를 골라야 해요.

03　㉠의 앞 문장을 통해 '이 달력'이 가리키는 것이 '중국 달력'임을 알 수 있어요. 중국의 북경과 조선의 한양은 지리적 위치가 다르기 때문에 중국에서 만든 달력으로는 한양에서 일어날 일식 날을 정확히 예측할 수 없는 거예요.

(오답 풀이)
① 구식례는 태양을 구하는 의식으로 달력과 관련이 없어요.
②, ③ 이 글에 나와 있지 않은 내용이에요.
④ 조선과 중국이 서로 다른 관점으로 일식을 받아들였기 때문은 아니에요.

04　이 글은 과거 우리 선조들이 일식이 일어났을 때 어떻게 대응했고, 세종이 조선의 과학 기술 발달에 어떤 업적을 남겼는지 설명하고 있어요.

어휘를 익혀요

본문 63쪽

01 **①** ○ **②** ✕ **③** ○　　**02** **①** 천체 **②** 원천 **③** 불길　　**03** **①** 선조 **②** 일식 **③** 예측

15 어린이 게임 중독, 문제야

1 2019년 세계보건기구(WHO)는 일상생활에 문제가 될 정도로 지나치게 게임에 몰입하는 '게임 중독'을 질병으로 분류하였다. 이에 우리나라에서도 게임 중독을 치료가 필요한 질병으로 인정하려는 움직임을 보이고 있다. 2021년 한국콘텐츠진흥원에서 게임 과몰입 실태를 조사한 결과, 어린이들의 게임 이용 횟수와 시간이 최근 몇 년간 계속 증가한 것으로 나타났다. 특히 자기 조절 능력이 부족한 어린이에게 컴퓨터 및 스마트폰 게임의 중독성은 치명적이라는 점에서 어린이 게임 중독의 문제가 사회적으로도 큰 관심을 받고 있다.
▶ 사회적으로 큰 관심을 받고 있는 어린이 게임 중독 문제

2 어린이들이 게임에 중독되면 어떤 문제가 생길까? 먼저 게임 중독은 어린이의 성장을 저해할 수 있다. 오랜 시간 같은 자세로 게임을 하면 목, 허리 등에 무리가 가고 시력이 나빠진다. 게다가 게임에 빠져 충분한 수면을 취하지 않고 식사를 거르면 건강을 해치기 쉽다. 다음으로 게임 중독은 가족과의 갈등을 가져올 수 있다. 어린이들이 지나치게 게임에 집중하여 가족과 함께하는 시간이 줄어들면 가족과의 갈등이 생기고, 가족과의 갈등으로 더욱 게임에 의지하는 악순환을 겪을 수 있다. 끝으로 게임 중독은 사회 부적응을 초래하거나 폭력적인 성향을 촉발할 수 있다. 게임을 하느라 사회생활에 소홀해지면 주변 사람들과 멀어지고 친구를 사귀기도 어렵다. 나아가 게임 중독이 심해지면 가상의 상황이나 캐릭터에 몰입하여 혼란을 겪고, 게임에서 하던 폭력적인 행동을 실제 생활에서 보이는 경우도 있다.
▶ 어린이 게임 중독의 여러 가지 문제점

3 어린이에게 게임을 무작정 못하게 하면 불안 증세가 나타날 정도로 게임 중독에서 벗어나는 것은 어렵다고 한다. 그렇다면 게임 중독을 예방하기 위해 어린이들이 할 수 있는 노력에는 무엇이 있을까? 첫째, 게임을 할 시간을 미리 정해야 한다. 정해진 시간 동안 게임을 하게 되면 게임에 지나치게 많은 시간을 쓰지 않고 스스로 조절할 수 있는 힘이 생긴다. 둘째, 게임을 할 장소를 거실과 같은 공동 장소로 정해야 한다. 그래야 가족들의 도움을 받아 게임을 하는 시간을 줄일 수 있을 뿐만 아니라 폭력적인 게임을 피할 수도 있다. 셋째, 운동이나 여행과 같은 건전한 취미 생활을 찾아본다. 실내에서 혼자 하는 게임보다는 야외에서 가족이나 친구와 함께할 수 있는 활동적인 취미를 갖게 되면 자연스럽게 게임을 하는 시간을 줄일 수 있다.
▶ 어린이가 게임 중독을 예방하기 위해 할 수 있는 여러 가지 노력

4 최근 온라인 교육의 활성화로 컴퓨터와 스마트폰을 사용하는 어린이가 급속도로 늘어나면서 어린이들의 게임 이용 시간도 증가하였다. 어린이들이 게임을 피할 수 없는 상황이라면 정해진 시간에, 공동의 장소에서 게임을 하거나 게임을 대신해서 할 수 있는 건강한 취미 생활을 찾는 등 게임 중독을 예방하기 위해 노력해야 한다. 이와 함께 어린이들을 지원하는 가정과 학교의 관심, 어린이를 보호하기 위한 사회적 장치와 프로그램도 뒷받침되어야 할 것이다.
▶ 어린이 게임 중독 문제를 예방하기 위해 뒷받침되어야 할 모두의 노력

≫ 글 내용 한눈에 보기 •••

본문 65쪽

❶ 중독   ❷ 성장   ❸ 갈등   ❹ 시간   ❺ 취미   ❻ 학교

◀ 글을 이해해요 ▶

✔ 자기 평가

본문 66쪽

01 (내용 이해)
⑤
◯ ✕

02 (내용 추론)
③
◯ ✕

03 (내용 비판)
❶ ㄷ, ㄹ   ❷ ㄱ, ㄴ
◯ ✕

04 (중심 내용 쓰기)
어린이 게임 중독은 여러 가지 문제점을 유발하므로 어린이는 물론 가정과 학교, 사회 모두 <u>어린이 게임 중독 예방</u>을 위해 노력해야 한다.
◯ ✕

01 3문단에서 어린이에게 무작정 게임을 못하게 하면 불안 증세가 나타날 수도 있다고 했어요. 글쓴이는 어린이 게임 중독을 예방하기 위하여 정해진 시간에 공동 장소에서 게임을 하면서 자기 조절 능력을 기를 것을 권장하고 있어요.

(오답 풀이)
①~④는 모두 3문단에서 글쓴이가 어린이 게임 중독의 예방법으로 언급한 내용들이에요.

02 글쓴이는 4문단에서 어린이 게임 중독을 예방하기 위해 앞서 언급한 세 가지 방법과 더불어 가정, 학교, 사회의 노력도 함께 뒷받침되어야 함을 주장하고 있어요.

(오답 풀이)
① 세계보건기구(WHO)의 발표에 따라 우리나라에서도 게임 중독을 치료가 필요한 질병으로 인정하려는 움직임을 보인다고 했을 뿐, 게임 중독이 치료가 안 되는 질병이라고 하지는 않았어요.
② 게임에 중독된 어린이들이 스스로 게임 중독에서 벗어나기는 쉽지 않기 때문에 가정과 사회 모두의 노력이 필요하다고 했어요.
④, ⑤ 게임 중독의 문제점으로 언급된 내용이에요.

03 ㄱ, ㄴ은 글쓴이의 주관적인 의견이에요. 반면 ㄷ은 '한국콘텐츠진흥원'의 조사 내용, ㄹ은 '세계보건기구'의 협의 결과로 출처가 분명한 객관적인 사실이에요.

04 이 글의 글쓴이는 어린이 게임 중독이 지닌 문제가 심각하므로 이를 예방하기 위해 어린이뿐 아니라 가정과 학교, 사회 모두가 노력을 기울여야 함을 주장하고 있어요.

◀ 어휘를 익혀요 ▶

본문 67쪽

01 ❶ ㄴ   ❷ ㄷ   ❸ ㄱ   **02** ❶ 저해   ❷ 촉발   ❸ 예방   **03** ❶ 실태   ❷ 몰입   ❸ 중독

16 잘 쓰자! 신조어

> **코칭 Tip** 이 글은 신조어 사용에 대한 글쓴이의 의견을 담은 주장하는 글입니다. 신조어를 사용했을 때의 긍정적인 면과 부정적인 면을 파악하고, 올바른 언어생활을 실천하기 위한 방법을 생각하며 글을 읽을 수 있도록 합니다.

1 '소확행, ㅇㅈ' 등은 사회가 변화하고 인터넷 문화가 급속도로 발달하면서 새로 생긴 말이다. 신조어는 새롭게 등장
한 개념 및 물건에 이름이 필요하거나 원래 있던 대상이라도 새로운 이름이 필요한 경우, 새로운 매체에서 사용하기 편
리한 말이 필요한 경우에 만들어진다. 신조어 중에는 유행어처럼 일정 기간 사용되다가 사라지는 것도 있고, 시간이 흘
러도 계속 사용되는 것도 있다. ▶ 신조어의 뜻과 특성

2 신조어를 만드는 방법은 다양하다. 먼저 '소확행(소소하지만 확실한 행복)'처럼 단어의 앞 글자를 따서 말을 줄이
는 방법이 있다. 'ㅇㅈ(인정)'처럼 각 글자의 첫 번째 자음만 적는 방법으로 말을 만들기도 한다. 그 외에도 글자의 모양
이 비슷한 것에 주목해서 만드는 경우도 있다. '귀엽다'와 글자 모양이 비슷해서 사용되는 '커엽다'가 그 예이다.
▶ 신조어를 만드는 방법

3 그렇다면 사람들이 신조어를 즐겨 쓰는 이유는 무엇일까? 먼저 의사소통의 경제성
을 들 수 있다. 말을 줄이거나 글자의 첫 번째 자음만 적으면 내용을 전하는 데 들이는 시
간이 절약되어 의사소통을 빠르게 할 수 있다. 또한, 신조어는 사람들에게
즐거움을 주고 이런 말을 사용하는 사람들 간에 친밀감을 느끼게 한다. '귀엽
다'를 뜻하는 '커엽다'와 같은 표현은 의사소통을 빠르게 하는 데
도움이 되지는 않지만 그러한 신조어를 사용하는 사람들끼리 친근
하다는 느낌을 느끼게 한다. ▶ 신조어 사용의 긍정적인 면

> 이 영화 완전 꿀잼!
> 정말 띵작이야.
> 감동

4 하지만 신조어에는 이렇게 긍정적인 면만 있는 것은 아니다. 신조어는 참신함을 추구하는 젊은 세대가 주도적으로
사용하기 때문에 어른 세대는 그 뜻을 모르는 경우가 많다. 세대 간에 의사소통이 제
대로 이루어지지 않으면 이는 세대 간 단절로까지 이어질 수 있다. 더 큰 문제는 신조
어 중에 한글을 파괴하는 말이 많다는 점이다. 신조어에는 줄임 말이나 영어, 일본어
등을 우리말과 합친 국적 불명의 합성어가 많다. 편리함을 위해 단어를 소리 나는 대
로 쓰거나 띄어쓰기를 지키지 않기도 한다. 이러한 말들이 남발되다 보면 결국 표준어
나 맞춤법 사용에 혼란이 생길 수밖에 없다. ▶ 신조어 사용의 부정적인 면

> 아빠, 오늘 댕댕이(멍멍이) 나오는 영화를 봤는데 정말 재있었어요.
> 신남
> 댕댕이? 댕댕이라는 말이 있었나?

5 신조어 중에는 잠시 유행했다가 사라지는 말도 있지만 오랜 기간 사용되면서 표
준어로 정착되는 말도 있다. 변화하는 시대에 맞추어 새로 생겨난 신조어를 사용하는
것은 자연스러운 언어 현상이고, 신조어를 잘 활용한다면 우리말의 어휘와 표현이 풍
부해질 수 있다. 그러나 앞서 살펴본 것처럼 신조어를 무분별하게 사용할 경우 나타나
는 부정적인 면도 무시할 수 없다. 그러므로 신조어가 우리의 언어생활을 풍부하게 해
줄 수 있는 말이라면 살려 쓰고, 저급하거나 한글을 파괴하는 것이라면 되도록 사용하지 않는 것이 좋다.
▶ 신조어를 사용할 때 지녀야 할 올바른 태도

❯❯ 글 내용 한눈에 보기 •••

본문 69쪽

1 자음 **2** 모양 **3** 의사소통 **4** 세대 **5** 신조어

❮ 글을 이해해요 ▶

✔ 자기 평가

본문 70쪽

01 (내용 이해)
  ②
  ○ ✕

02 (내용 추론)
  ④
  ○ ✕

03 (내용 비판)
  ⑤
  ○ ✕

04 (중심 내용 쓰기)
  신조어는 사용자끼리 친밀감을 느끼며 의사소통을 빠르게 할 수 있다는 긍정적인 면이 있지만, 세대 간에 원활한 의사소통을 방해하는 등의 부정적인 면도 있기 때문에 <u>언어생활을 풍부하게 해 줄 수 있는 말은 살려 쓰되, 무분별하게 사용하지 않는 것이 좋다.</u>

  ○ ✕

01 1문단에서 신조어 가운데 유행어처럼 일정 기간 사용되다가 사라지는 것도 있고, 시간이 흘러도 계속 사용되는 것도 있다고 했어요. 따라서 모든 신조어가 일정 기간 사용되다 사라지는 것은 아니에요.

(오답풀이)
① 신조어는 사회가 변화하면서 새로 생긴 말을 뜻해요.
③, ④ 신조어는 새롭게 등장한 개념 및 물건에 이름이 필요할 때 만들어지거나, 원래 있던 대상이라도 새로운 이름이 필요할 때 만들어져요.
⑤ 신조어는 인터넷 문화가 급속도로 발달하면서 새로 생긴 말로, 새로운 매체에서 사용하기 편리한 말이 필요할 때 만들어지기도 해요.

02 '비담(비주얼 담당)'은 〈보기〉에 나온 '맛점(맛있는 점심)', '취존(취향 존중)'처럼 단어의 앞 글자를 따서 줄인 말이에요.

(오답풀이)
①과 ⑤는 글자의 첫 자음만 적은 신조어이고, ②와 ③은 글자 모양이 비슷한 것에 주목해 만든 신조어예요.

03 4문단에 따르면, 젊은 세대가 주도적으로 사용하는 신조어의 뜻을 어른 세대가 모르는 경우가 많아서 세대 간에 원활한 의사소통이 이루어지지 않을 수 있다고 했어요.

(오답풀이)
①, ③ 신조어 사용에 찬성한다면 3문단에 나온 신조어 사용의 긍정적인 면에 대한 내용을 근거로 삼을 수 있어요.
②, ④ 신조어 사용에 반대한다면 4문단에 나온 신조어 사용의 부정적인 면에 대한 내용을 근거로 삼을 수 있어요.

04 글쓴이는 신조어 사용에 대한 긍정적인 면과 부정적인 면을 설명한 후에 신조어가 언어생활을 풍부하게 해 줄 수 있는 말이라면 살려 쓰되, 무분별하게 사용하지는 말자고 말하고 있어요.

❮ 어휘를 익혀요 ▶

본문 71쪽

01 **1**   **2** ○ **3** ✕   **02** **1** 불명 **2** 단절 **3** 친밀감   **03** **1** 세대 **2** 주도적 **3** 유행

17 빛의 세계

> **코칭 Tip** 이 글은 태양에서 나오는 여러 가지 빛들의 특징에 대해 설명하는 글입니다. 태양 광선의 종류에는 무엇이 있고, 각각의 빛이 우리 생활에서 어떻게 활용되는지를 파악하며 글을 읽을 수 있도록 합니다.

1 우리는 '햇빛'이라고 하면 우리 눈에 보이는 빛을 떠올린다. 하지만 이것은 빛의 일부일 뿐 우리 눈으로 볼 수 없는 빛들이 훨씬 더 많다. 빛은 물결처럼 반복된 무늬를 만들며 퍼져 나가는데, 이 물결무늬에서 같은 높이를 가진 두 점 사이의 거리를 파장이라고
_{파장의 의미}
한다. 태양에서 나오는 빛인 태양 광선은 이 파장의 길이에 따라 적외선,
_{중심 소재} _{태양 광선의 구분 기준}
가시광선, 자외선 등으로 구분한다. 그럼 각각의 빛들이 가진 특징들을 차례로 살펴보자.

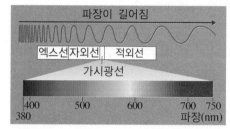
▶ 파장의 길이에 따라 구분되는 태양 광선

2 먼저 가시광선은 태양에서 오는 빛 중 사람의 눈으로 볼 수 있는 빛이다. 『햇빛을 유리로 된 프리즘에 통과시키면
_{가시광선의 의미}   _{가시광선의 특징}
일곱 가지 무지개 빛깔을 확인할 수 있는데, 빨간색일수록 파장이 길고 보라색일수록 파장이 짧다.』 가시광선의 각 빛깔은 저마다 반사율과 흡수율이 달라서 우리는 물체가 반사한 빛을 통해 사물의 색을 구별할 수 있다. 예를 들어 빨간색
_{가시광선의 역할 ①}
사과는 빛 속에 있는 색깔 중 빨간색 빛만 반사하고 다른 색깔의 빛은 흡수하기 때문에 우리 눈이 사과를 빨간색으로 인식한다. 또 가시광선은 식물이 영양분을 만들 수 있도록 광합성을 돕기 때문에 인간을 비롯한 모든 생명체에게 매우
_{가시광선의 역할 ②}
중요하다.
▶ 가시광선의 특징과 역할

3 적외선은 가시광선의 빨간빛 바깥쪽에 있다고 하여 붙여진 이름으로 우리 눈에 보이지 않는 빛이다. 『적외선은 열
_{적외선의 의미}   _{적외선의 특징}
을 가지고 있어 열선이라고도 부르는데, 우리가 햇빛을 받았을 때 따뜻하게 느껴지는 이유가 바로 여기에 있다.』 이러한 특성을 이용한 적외선 치료기는 우리 몸의 혈액 순환을 돕고 통증을 감소시키는 데 도움을 준다. 한편 사람의 몸에서도
_{적외선이 활용되는 사례 ①}
적외선이 방출되는데, 이를 감지해 저절로 작동하도록 하는 자동 센서 전등이나 자동문도 있다. 또한 열화상 카메라도
_{적외선이 활용되는 사례 ②}   _{적외선이 활용되는 사례 ③}
사람의 몸에서 적외선을 감지해 온도를 파악하는 특수 카메라이다.
▶ 적외선의 특징과 적외선이 활용되는 사례

4 자외선은 가시광선의 보랏빛 바깥쪽에 있다고 하여 붙여진 이름으로 우리 눈에 보이지 않는 빛이다. 자외선은 화
_{자외선의 의미}   _{자외선의 특징}
학 작용이 강해서 화학선이라고도 부른다. 자외선에는 각종 세균을 죽이는 살균 효과가 있어 자외선 살균기로 의료 기
_{자외선이 활용되는 사례 ①}
구나 그릇을 소독할 수 있다. 햇빛 좋은 날 이불을 널어 두는 것도 자외선의 살균 작용을 통해 이불에 있는 세균이나 진
_{자외선이 활용되는 사례 ②}
드기를 죽이는 것이다. 또한 자외선은 몸 안에서 비타민 D를 생성하는 데 도움을 주기도 한다. 하지만 자외선에 지나치
_{자외선이 활용되는 사례 ③}   _{자외선이 인체에 미치는 피해}
게 노출되면 화상을 입거나 눈이 손상되는 등 인체에 해를 끼치기도 한다.
▶ 자외선의 특징과 자외선이 활용되는 사례

5 이외에도 태양 광선에는 우리 눈에 보이지 않는 엑스(X)선도 있다. 엑스선은 사람의 살은 통과하지만 뼈나 금속은
_{엑스선의 특징}
통과하지 못한다. 이러한 성질을 이용해 병원에서는 인체의 골격 사진을 찍고, 공항에서는 가방 속 금속을 검사한다.
_{엑스선이 활용되는 사례}
이 밖에도 태양 광선에는 우리 눈에 보이는 빛 외에 보이지 않는 빛이 더 많다. 아직도 밝혀지지 않은 빛의 비밀을 더 찾아낸다면 빛은 우리에게 또 다른 세상을 보여 줄 것이다.
▶ 엑스(X)선에 대한 설명과 아직 밝혀지지 않은 태양 광선에 대한 궁금증 유발

≫ 글 내용 한눈에 보기 •••

본문 73쪽

1 태양 **2** 눈 **3** 광합성 **4** 열선 **5** 살균 **6** 뼈

◀ 글을 이해해요 ▶

☑ 자기 평가

본문 74쪽

01 (내용 추론)
ㄱ
○ ✕

02 (내용 이해)
④
○ ✕

03 (내용 추론)
③
○ ✕

04 (중심 내용 쓰기)
　　태양 광선에는 우리 눈에 보이는 빛인 가시광선과 우리 눈에 보이지 않는 빛인 적외선, 자외선, 엑스(X)선 등이 있는데, 각각의 빛들이 서로 다른 특징을 지니고 있기 때문에 다양한 분야에서 활용되고 있다.
○ ✕

01 4문단에서 자외선이 인체에 미치는 나쁜 영향으로 피부의 화상, 눈의 손상 등을 언급하고 있어요. 하지만 이 글에서 적외선이 끼치는 나쁜 영향에 대해서는 설명하고 있지 않아요.

오답 풀이
ㄴ 1문단과 5문단에서 태양 광선에는 사람의 눈으로 볼 수 없는 빛들이 훨씬 더 많다고 했어요.
ㄷ 5문단에서 병원에서는 엑스(X)선을 활용하여 인체의 골격 사진을 찍는다고 했어요.

02 가시광선은 식물이 영양분을 만들 수 있도록 광합성을 돕기 때문에 인간을 비롯한 모든 생명체에게 매우 중요해요.

오답 풀이
① 가시광선은 빨간색일수록 파장이 길고, 보라색일수록 파장이 짧아요.
②, ③ 가시광선은 사람의 눈으로 볼 수 있는 유일한 빛으로 일곱 가지 무지개 빛깔을 띠고 있어요.
⑤ 가시광선은 사물의 색을 인식하고 구별하게 해 주는데, 빨간색 물체가 빨갛게 보이는 것은 빨간빛만 반사하고 빨간색 외의 빛은 흡수하기 때문이에요.

03 4문단에서 자외선은 체내에서 비타민 D를 생성하는 데 도움을 준다고 했어요.

오답 풀이
①, ④ 3문단에서 적외선은 자동 센서 전등이나 자동문, 열화상 카메라 등에 활용된다고 했어요.
②, ⑤ 3문단에서 적외선 치료기는 따뜻한 열로 우리 몸의 혈액 순환을 돕고 통증을 감소시키는 데 도움을 준다고 했어요.

04 이 글은 태양 광선 중에서 우리 눈에 보이는 빛과 보이지 않는 빛들이 어떤 특징을 지니고 있으며, 우리의 실생활에 어떻게 활용되고 있는지를 설명하고 있어요.

◀ 어휘를 익혀요 ▶

본문 75쪽

01 **1** ㄴ **2** ㄱ **3** ㄷ　　**02** **1** 생성할 **2** 감지하는 **3** 노출되는　　**03** **1** 방출 **2** 순환 **3** 통증

18 밤하늘의 보석, 별자리

❶ 밤하늘에는 수많은 별이 반짝이고 있다. 별의 위치를 정하기 위하여 밝은 별을 중심으로 별들을 묶은 것을 별자리
라고 하는데, 『서양에서 별자리의 기원은 기원전 3,000년 쯤으로 거슬러 올라간다. 당시 메소포타미아 지역에 살던 칼
데아인은 가축을 키우며 초목을 따라 옮겨 다니는 생활을 하였으므로 밤하늘의 별을 볼 기회가 많았다. 이들이 밝은 별
들을 연결하여 그것에 동물이나 영웅의 이름을 붙이기 시작하면서 별자리가 만들어졌다.』이후 천문학이 그리스에 전해
지자 그리스인들이 별자리에 그리스 신화 속 인물들의 이름을 붙여 나갔다. ▶ 별자리의 뜻과 기원

❷ 겨울철 밤하늘에 떠 있는 수많은 별 중에서 가장 아름답게 빛나는 별은
오리온자리일 것이다. 오리온자리는 60여 개의 별을 한데 묶어서 부르는 별
자리로, 우리나라 겨울철 남쪽 밤하늘에서 두드러지게 보인다. 별 중에서
가장 밝게 보이는 1등성 별이 두 개나 있고, 1등성 다음으로 가장 밝게 보
이는 2등성 별 세 개가 중간에 비스듬히 늘어서 있어서 화려하고 눈에 잘
띈다. 『가장 밝게 빛나는 별을 어깨라고 보면 머리와 팔, 몸통, 다리를 가진
사람의 모습을 떠올릴 수 있다. 중앙에 있는 세 개의 별은 허리띠를 나타내
고, 허리띠 아래의 세 개의 늘어진 별은 사람이 차고 있는 칼이라고 볼 수 있
다. 또한 한쪽 손에는 몽둥이를, 다른 한쪽 손에는 방패를 들고 있어 용맹하게 짐
승을 사냥하는 사냥꾼의 모습을 나타낸다.』 ▶ 오리온자리의 특징과 모습

❸ 오리온자리는 '오리온'이라는 그리스 신화에 나오는 거인 사냥꾼의 이름을 붙인 것이다. 오리온은 바다의 신 포세
이돈의 아들로 달의 여신인 아르테미스와 사랑하는 사이였으나, 아르테미스의 오빠인 아폴론은 이들의 사랑을 반대하
였다. 어느 날 아폴론은 바다 멀리서 사냥을 하고 있는 오리온을 발견하고는 묘수를 떠올렸다. 『바로 오리온을 과녁으로
하여 아르테미스가 활을 쏘도록 하는 것이었다. 아폴론은 아르테미스에게 저 멀리 있는 황금색 과녁을 맞힐 수 없을 거
라고 자극하였다. 아르테미스는 과녁이 오리온이라는 사실을 모른 채 활을 쏘아 과녁을 명중시켰다.』하지만 화살은 오
리온을 관통하고 말았고, 뒤늦게 자신이 오리온을 죽였다는 사실을 알게 된 아르테미스는 큰 슬픔에 빠졌다. 제우스는
아르테미스를 가엾게 여겨 오리온을 밤하늘의 별자리로 만들어 항상 볼 수 있게 해 주었다. ▶ 오리온자리에 담긴 그리스 신화 이야기

❹ 오리온자리에 담긴 오리온과 아르테미스의 안타까운 사랑 이야기 말고도 밤하늘을 수놓는 여러 가지 별자리에는
다채롭고 신비로운 이야기들이 가득 담겨 있다. 지구에서 수백, 수천 광년 떨어져 있는 별들이지만 그 속에 담긴 아름
다운 이야기를 듣고 있노라면 별들이 가깝게 느껴진다. 밤하늘의 별들이 들려주는 흥미로운 이야기에 더욱 관심을 갖
고 귀를 기울여 보는 것은 어떨까? ▶ 별자리에 담겨 있는 신비롭고 아름다운 이야기

❥❥ 글 내용 한눈에 보기 •••

본문 77쪽

① 위치 **②** 남쪽 **③** 어깨 **④** 사냥꾼 **⑤** 오리온 **⑥** 별자리

◀ 글을 이해해요 ▶

☑ 자기 평가

본문 78쪽

01 (내용 이해)
① ✕   **②** ✕

○ ✕

02 (내용 추론)
④

○ ✕

03 (내용 추론)
① 겨울   **②** 밤   **③** 남쪽

○ ✕

04 (내용 비판)
④

○ ✕

05 (중심 내용 쓰기)
우리나라 겨울철 밤하늘에서 가장 잘 보이는 별자리는 오리온자리이며, 오리온자리에는 그리스 신화에 나오는 거인 사냥꾼 <u>오리온과 아르테미스의 안타까운 사랑 이야기</u>가 담겨 있다.

○ ✕

01 **①** 오리온자리를 구성하는 별은 1등성 별과 2등성 별을 포함하여 60여 개라고 했어요.
② 중앙에 있는 세 개의 별은 허리띠로 보면, 그 아래의 세 개의 늘어진 별은 사람이 차고 있는 칼이라고 볼 수 있어요.

02 1문단에서 서양의 별자리는 기원전 3,000년쯤 메소포타미아 지역에서 만들어졌다고 했어요.

오답풀이
①, ②, ③ 이 글에 별자리의 수나 구별 방법, 그리고 북극성에 대한 내용은 나와 있지 않아요.
⑤ 이 글에서는 우리나라에서 겨울철에 가장 잘 보이는 별자리인 오리온자리만 설명했어요.

03 2문단에서 오리온자리는 겨울철 남쪽 밤하늘에서 잘 보인다고 했어요.

04 3문단에 오리온자리에 담긴 신화가 설명되어 있어요. 아르테미스는 오리온을 사랑했지만, 오빠 아폴론에게 속아 자기도 모르게 오리온을 죽이게 된 것이에요.

오답풀이
① 오리온은 그리스 신화에 나오는 바다의 신 포세이돈의 아들로 거인 사냥꾼이에요.
② 아르테미스는 과녁이 오리온이라는 사실을 모를 정도로 먼 곳에 활을 쏘아 과녁을 명중시킬 정도로 명사수예요.
③ 아르테미스의 오빠 아폴론은 오리온과 아르테미스의 사랑을 반대하여 오리온을 없애려고 했어요.
⑤ 제우스는 사랑하는 오리온을 죽이고 슬픔에 빠진 아르테미스를 가엾게 여겨 오리온을 별자리로 만들었어요.

05 이 글은 우리나라 겨울철 밤하늘에서 가장 잘 보이는 별자리인 오리온자리를 소개하며 오리온자리에 담긴 그리스 신화 이야기를 알려 주고 있어요.

◀ 어휘를 익혀요 ▶

본문 79쪽

01 **①** ㄴ **②** ㄱ **③** ㄷ   **02** **①** 천문학 **②** 기원 **③** 신비로운   **03** **①** 한데 **②** 묘수 **③** 초목

19 황금 씨앗을 지켜라

코칭 Tip 이 글은 씨앗 소유권을 확보하기 위해 노력해야 함을 주장하는 글입니다. 씨앗 소유권을 확보하는 일의 중요성과 씨앗 소유권을 확보하기 위한 방법이 무엇인지를 파악하며 글을 읽을 수 있도록 합니다.

1 '2010 나고야 의정서'에서는 2012년부터 씨앗 소유권이 없는 나라가 씨앗을 이용할 때는 씨앗에 대한 소유권을 가진 나라의 허락을 받고, 그 대가를 치러야 한다고 발표했다. 이에 세계 각 나라마다 씨앗 소유권을 확보하기 위한 전쟁이 한창이다. 그에 비해 우리나라는 씨앗 소유권에 대한 인식이 부족하여 경제적으로 많은 손실을 보고 있다. 일례로 '수수꽃다리', '나리', '구상나무' 등의 씨앗이 우리도 모르는 사이에 해외로 빠져나갔다. 이 씨앗들은 품종이 개량되어 비싼 값에 수입되고 있다. 『다른 나라들이 씨앗 소유권 경쟁에 뛰어들어 씨앗을 확보하는 동안 우리는 우수한 품종의 씨앗을 개발하려는 노력을 소홀히 했고, 우리 씨앗들의 소유권이 대거 외국 기업에 넘어가 버렸다.』

2 지금부터라도 씨앗 소유권을 확보하기 위해 어떤 노력을 해야 할까? 첫째, 씨앗의 중요성을 인식하고 씨앗 소유권에 대해 관심을 가져야 한다. 알싸한 매운맛으로 사랑받는 '청양고추', 달기로 소문난 '삼복꿀수박'의 공통점은 외국에서 씨앗을 들여와 재배한 농산물이라는 점이다. 『'청양고추'는 우리가 개발한 품종이지만, 소유권을 가졌던 회사가 외국에 팔리면서 씨앗을 역수입하는 처지가 됐다. '삼복꿀수박'도 같은 처지였지만, 외국 회사로부터 씨앗을 다시 사들여 지금은 우리 소유가 됐다.』우리 씨앗에 대한 관심 부족으로 소유권마저 잃는다면, 우리가 심고 기른 농작물을 먹기 위해서도 해마다 많은 돈을 내야 한다.

3 둘째, 씨앗을 체계적으로 연구하는 기관을 많이 만들어야 한다. 『세계 종자 시장은 미국과 중국 계열의 기업들이 약 50%를 차지하는 데 반해 우리나라의 종자 산업은 고작 1.3% 수준에 불과하다.』이 말은 우리 땅에서 재배하는 상당수의 농작물이 외국 소유의 씨앗을 뿌린 것들이란 의미이다. 아직 걸음마 단계인 국내 종자 산업을 활성화하기 위해서는 『선진적인 씨앗 생산 및 육성 방법을 연구하는 기관을 많이 만들어서 전문 인력들을 길러내야 하고, 이를 바탕으로 경쟁력 있는 종자 전문 기업들을 키워 나가야 한다.』

4 셋째, 우리의 재래종 씨앗을 지키고 관리해야 한다. 『미국, 일본 등은 오래전에 콩의 중요성을 깨닫고, 보물을 찾아 우리나라에 들어왔다. 그 결과 미국이 지난 80여 년간 우리나라에서 수집해 간 콩 종자만 수천 여 종이나 된다. 미국은 우리 콩 종자를 개량해 세계 각국에 수출했고, 현재는 콩 수출국 세계 1위가 됐다. 반면 우리나라의 콩 자급률은 6.9%로, 약 90%를 미국에서 수입하고 있다.』우리 씨앗을 잃고 수입 씨앗에 의존하는 상황이 된 것이다. 그러므로 우리의 토종 씨앗인 재래종 씨앗을 연구하고 이를 지켜 나가는 것이 무엇보다 중요하다.

5 최근에는 좋은 소식들도 들린다. 2021년, 국내에서 육성한 딸기 품종의 보급률이 약 96%까지 올라선 덕분에 우리 딸기는 '케이(K) 딸기'라는 이름으로 세계에 수출되고 있다. 앞으로 세계 씨앗 시장은 더욱 커질 것이고, 우수한 종자 하나가 황금보다 값질 것이다. 이것이 우리 씨앗에 관심을 갖고, 씨앗 소유권을 확보하기 위해 더 많은 노력을 기울여야 하는 이유이다.

≫ 글 내용 한눈에 보기 •••

본문 81쪽

1 씨앗 **2** 소유권 **3** 기관 **4** 재래종 **5** 관심

◀ 글을 이해해요 ▶

☑ 자기 평가   본문 82쪽

01 (내용 이해)
② ◯ ✕

02 (내용 비판)
② ◯ ✕

03 (내용 추론)
③ ◯ ✕

04 (중심 내용 쓰기)
우리 씨앗에 관심을 갖고 <u>씨앗 소유권을 확보하기</u> 위해 더 많은 노력을 기울여야 한다.   ◯ ✕

01 2문단에서 삼복꿀수박 씨앗은 우리가 개발한 품종으로, 소유권을 가졌던 회사가 외국에 팔리면서 역수입하다가 다시 씨앗을 사들여 지금은 우리에게 소유권이 있다고 했어요.

(오답 풀이)
① 글쓴이는 우리나라의 종자 산업은 아직 걸음마 단계이므로 전문 종자 기업을 키워야 한다고 했어요.
③ 씨앗 소유권이 없는 나라가 특정 씨앗을 사용할 때는 씨앗 소유권을 가진 나라로부터 허가를 받고, 돈을 내야 해요.
④ 국내 육성 딸기는 케이(K) 딸기라는 이름으로 수출되고 있어요.
⑤ 청양고추 씨앗은 우리가 개발한 품종이에요.

02 4문단에서는 다른 나라에서 이 땅의 수많은 콩 종자들을 가져가 개량하여 성공한 사례를 제시하고 있어요. 이와 같은 안타까운 사례를 통해 재래종 씨앗을 지키는 일의 중요성에 대해 알리고 있지요. 따라서 ②와 같은 반응은 알맞지 않아요.

(오답 풀이)
① 3문단에서 세계 종자 시장은 미국과 중국 계열의 기업이 약 50%를 차지하고 있다고 했어요.
③ 1문단에서 우리나라는 씨앗 소유권에 대한 인식 부족으로 경제적 손실을 많이 보고 있다고 했어요.
④ 4문단에서 재래종 씨앗을 연구하고 지켜야 한다고 했어요.
⑤ 2문단에서 씨앗의 중요성을 알고 씨앗 소유권을 지키기 위해 노력해야 한다고 했어요.

03 ㉠은 '수수꽃다리, 나리, 구상나무' 등과 같은 우리 씨앗들이 우리도 모르는 사이 해외로 운반되어 나갔다는 의미예요. 이렇게 허락 없이 몰래 반출된 씨앗 품종들이 해외에서 개량되어 우리에게 다시 수입되고 있는 것이지요.

04 이 글은 씨앗 소유권의 중요성을 알리고, 씨앗 소유권을 확보하기 위해 노력해야 함을 주장하는 글이에요.

◀ 어휘를 익혀요 ▶

본문 83쪽

01 **1** ㄴ **2** ㄱ **3** ㄷ   **02** **1** 소유권 **2** 손실 **3** 선진적   **03** **1** 개량 **2** 수입

20 왜 멸종했을까

이 글은 지구에서 영원히 사라진 멸종 동물들에 대해 설명하는 글입니다. 그 동물들이 멸종하기 전에는 어떤 모습이었으며, 언제, 어떤 이유로 멸종했는지를 파악하며 글을 읽을 수 있도록 합니다.

① 지구에 생명체가 생겨난 이후로 수없이 많은 생물이 **멸종**하였다. 화산이 폭발하거나 지구의 기온이 급격히 변하면서 멸종하기도 하였고, 다른 종과의 경쟁에서 살아남지 못해 멸종하기도 하였다. 지구에서 멸종된 동물들과 그 동물들이 멸종된 까닭을 알아보자.

▶ 여러 가지 이유로 지구에서 멸종된 동물들

② 먼저 6천만 년 전 남아메리카에 살았던 티타노보아뱀은 현재 세계에서 가장 큰 뱀인 아나콘다의 두 배 이상 되는 크기로, 몸길이가 12~15 m였다고 한다. 보통 뱀은 스스로 체온을 조절할 수 없는 탓에 체온에 맞는 곳으로 이동하거나 서식지에 몸 크기를 맞추어 체온을 조절한다. 결국 티타노보아뱀은 갑작스러운 기후 변화가 왔을 때 체온 조절에 실패하여 멸종하였을 것으로 추정된다.

▶ 지구에서 멸종된 동물 ①: 티타노보아뱀

③ 260만 년 전까지 극지방에 살았던 메갈로돈은 주로 고래와 같은 포유류를 잡아먹었던 육식 상어로 최대 20 m까지 자랐다고 한다. 빙하기 때 바닷물의 온도가 낮아지자 피부 밑 지방층이 적었던 상어류는 추위를 견디지 못하고 따뜻한 적도 지방으로 이동한 반면 메갈로돈의 먹이인 고래 등은 추위에 강해 극지방에 남았다. 메갈로돈은 적도 지방의 환경에 적응하지 못한 상황에서 먹이까지 부족해져서 멸종하였을 것으로 추정된다.

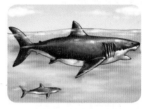
▶ 지구에서 멸종된 동물 ②: 메갈로돈

④ 아프리카 남동부에 위치한 모리셔스섬은 화산 활동으로 갑자기 생겨난 외딴섬으로, 이곳에 살던 도도새는 천적이 없어서 날아다닐 필요가 없었기에 날개가 퇴화되어 날지 못했다. 『16세기 초 모리셔스섬이 포르투갈 선박의 중간 경유지가 되면서 인간의 출입이 늘어났다. 인간에게 경계심이 없었던 도도새는 선원들에게 다가갔다가 잡아먹혔고, 땅에 대충 알을 낳는 습성 때문에 도도새의 알은 개와 쥐의 먹이가 되고 말았다.』 결국 도도새는 1681년에 멸종되었다.

▶ 지구에서 멸종된 동물 ③: 도도새

⑤ 사슴 중에서도 가장 아름다운 뿔을 가진 숀부르크사슴은 몸길이가 180 cm 정도였다. 한때 태국에 많은 종이 서식하였지만, 『19세기 말 태국 정부가 숀부르크사슴이 살던 초원을 개간하여 농경지를 늘리면서 사슴의 서식지는 줄어들게 되었다. 또한 숀부르크사슴의 뿔이 장식용으로도 좋고 약으로도 좋다는 소문이 퍼지면서 인간에게 마구 사냥을 당하여 멸종에 이르렀다.』

▶ 지구에서 멸종된 동물 ④: 숀부르크사슴

⑥ 모든 멸종이 나쁜 것만은 아니다. 멸종을 계기로 새로운 생물이 탄생하고, 생물 스스로 살아남기 위해 진화도 하기 때문이다. 하지만 인간 때문에 생물이 멸종하는 것은 또 다른 문제이다. 인간은 무분별한 개발로 다른 생물들의 서식지를 없애기도 하고, 생존을 위해서가 아닌 관상용, 약용과 같은 부차적인 이유로 생물을 잡아 죽이기도 한다. 이렇게 인간의 이기심 때문에 소중한 생명체가 멸종하는 문제는 진지하게 고민해 볼 필요가 있다.

▶ 멸종에 대한 글쓴이의 태도

글 내용 한눈에 보기 •••

본문 85쪽

1 멸종 **2** 체온 **3** 메갈로돈 **4** 알 **5** 뿔

글을 이해해요

☑ 자기 평가

본문 86쪽

01 (내용 이해)
⑤
○ ✕

02 (내용 이해)
②
○ ✕

03 (내용 추론)
도도새
○ ✕

04 (중심 내용 쓰기)
　지구에서 멸종된 수많은 동물들 중에서 <u>티타노보아</u>
<u>뱀과 메갈로돈</u>처럼 급격한 기후 변화로 멸종에 이른 동
물이 있는가 하면, 도도새와 손부르크사슴처럼 <u>인간의</u>
<u>이기심</u> 때문에 멸종에 이른 동물도 있다.
○ ✕

01 이 글은 지구에서 멸종된 동물들과 그 동물들이 멸종된 이유를 설명하고 있어요. 하지만 멸종한 동물을 다시 살아나게 할 방법에 대한 내용은 나와 있지 않아요.

（오답풀이）
①, ②, ④ 멸종한 동물인 티타노보아뱀, 메갈로돈, 도도새, 손부르크사슴이 살았던 곳과 특징을 설명하고 있어요.
③ 티타노보아뱀과 메갈로돈은 기후 변화가 원인이 되어 멸종한 것으로 보인다고 했어요. 도도새와 손부르크사슴은 인간들의 무분별한 사냥 때문에 멸종에 이르렀다고 했어요.

02 2문단에서 티타노보아뱀은 현재 세계에서 가장 큰 뱀인 아나콘다보다 두 배 이상 컸다고 했으므로, 티타노보아뱀이 아나콘다보다 크기가 작았다는 내용은 알맞지 않아요.

（오답풀이）
① 5문단에서 손부르크사슴은 사슴 중에서도 뿔이 아름다운 사슴으로 알려져 있다고 했어요.
③ 4문단에서 도도새는 천적이 없는 외딴섬에 살았기 때문에 날개가 퇴화되어 날지 못했다고 했어요.
④ 3문단에서 메갈로돈은 빙하기 때 극지방의 추위를 견디지 못하고 따뜻한 적도 지방으로 이동했다고 했어요.
⑤ 2문단에서 티타노보아뱀은 스스로 체온 조절을 못해 급격한 기후 변화가 왔을 때 멸종되었다고 했어요.

03 〈보기〉에서 '우리'는 외부 세계와 단절된 섬에 살아서 날아다닐 필요도 없었다고 했고, 인간이 섬에 오면서 멸종에 이르게 되었다고 했어요. 이러한 내용을 종합해 보면 '우리'는 4문단에 나온 '도도새'라는 것을 알 수 있어요.

04 이 글은 지구에서 멸종된 동물 중에서 갑작스러운 기후 변화 때 체온 조절을 못해 멸종된 티타노보아뱀, 빙하기 환경에 적응하지 못해 멸종된 메갈로돈, 인간에게 사냥을 당해 멸종에 이른 도도새와 손부르크사슴에 대해 설명하고 있어요.

어휘를 익혀요

본문 87쪽

01 **1** ○ **2** ✕ **3** ○   **02** **1** 서식지 **2** 천적 **3** 부차적   **03** **1** 경계심 **2** 이기심 **3** 멸종

실력 확인

△ 글의 문단별 내용을 정리하고 주제를 써 보아요.

01 5월의 기념일

본문 8~9쪽

①문단 기 념 일 의 의미

②문단 5월의 기념일 ①: 어린이날

③문단 5월의 기념일 ②: 어 버 이 날

④문단 5월의 기념일 ③: 스 승 의 날

✔주제 5월에 있는 세 가지 기념일

02 몸과 마음이 자라는 사춘기

본문 12~13쪽

①문단 사춘기의 의미와 사춘기에 나타나는 몸과 마음의 변 화

②문단 사춘기에 변화가 생기는 원인 ①: 호 르 몬 의 분비

③문단 사춘기에 변화가 생기는 원인 ②: 뇌 의 작용

④문단 사춘기를 잘 보낼 수 있는 방법

✔주제 사 춘 기 때 일어나는 몸과 마음의 변화

03 스스로를 사랑해요

본문 16~17쪽

①문단 자신을 올바르게 사랑하지 못하는 바다와 하늘이의 사례

②문단 바다의 사례를 통해서 본 자 기 비 하 의 의미와 특징

③문단 하늘이의 사례를 통해서 본 자 기 도 취 의 의미와 특징

④문단 올바른 자기애를 가진 사람이 되도록 노력하자는 제안

✔주제 올바른 자 기 애 를 갖기 위한 노력

4 상상력 다이어트

본문 20~21쪽

1 문단 음식을 먹는 상 상 이 다이어트를 방해한다는 일반적인 생각

2 문단 음식을 먹는 상상이 다 이 어 트 에 미치는 영향에 관한 실험과 그 결과

3 문단 습 관 화 현상의 의미와 예시

4 문단 상상만으로 습관화 현상이 일어나게 하는 방법

5 문단 먹고 싶은 음식을 마음껏 상상하는, 상 상 력 다이어트

주제 음 식 을 먹는 상상이 다이어트에 미치는 영향

5 화장의 역사

본문 24~25쪽

1 문단 고대 이집트인의 화장과, 그리스·로마 시대의 화장

2 문단 중 세 시대와 르네상스 시대의 화장

3 문단 삼 국 시대부터 일제 강점기에 이르는 과거 우리나라의 화장

4 문단 현대 사회에서 화장의 발전과 화장에 대한 전 망

주제 화장의 역 사 와 화 장 에 대한 전망

6 소금과 설탕이 궁금해

본문 28~29쪽

1 문단 소 금 과 설탕에 대한 소개

2 문단 소금이 우리 몸 에서 하는 역할

3 문단 소금의 용 도

4 문단 설 탕 의 용도와 설탕을 만드는 과정

5 문단 소금과 설탕의 용 해 작용

6 문단 소금이나 설탕을 물에 빨리 녹이는 방법

주제 소금과 설 탕 의 특성

실력 확인

O7 신기한 입체 그림

본문 32~33쪽

- **1문단** 매직아이 를 3차원의 입체 그림으로 보는 방법 제시
- **2문단** 차원 에 대한 구체적인 설명 제시
- **3문단** 우리 눈이 원근감 을 파악하는 방법
- **4문단** 우리가 사물의 입체감 을 느낄 수 있는 원리

✐**주제** 매직아이에서 입체감을 느낄 수 있는 이유

O8 옷차림 속 직업 이야기

본문 36~37쪽

- **1문단** 직업 과 옷차림의 관계에 대한 궁금증
- **2문단** 흰옷을 입고 일하는 직업
- **3문단** 소방관 의 옷차림
- **4문단** 판사 의 옷차림
- **5문단** 직업의 특성을 고려한 옷차림의 필요성

✐**주제** 직업에 따른 옷차림

O9 화산이 분출한다

본문 40~41쪽

- **1문단** 마그마 의 뜻과 특징
- **2문단** 화산 분출의 과정과 이때 나오는 물질
- **3문단** 모양 에 따른 화산의 종류
- **4문단** 화구호 와 칼데라호 의 뜻과 특징

✐**주제** 화산 이 만들어지는 과정과 화산의 종류

48

10 코르니유 영감의 비밀

본문 44~45쪽

1문단 증기 방앗간이 생기면서 사라지게 된 마을의 풍 차 방앗간

2문단 아무도 밀을 빻으러 가지 않는데도 돌아가는, 코르니유 영감의 풍차 방앗간

3문단 코르니유 영감의 방앗간으로 몰래 들어간 영감의 손 녀 비베트와 '나'의 큰아들

4문단 풍차 방앗간의 명 예 를 지키기 위해 마을 사람들을 속였던 코르니유 영감

5문단 코르니유 영감이 살아 있는 동안 풍차 방앗간을 지킨 마을 사람들

✍주제 풍차 방앗간의 전통과 명예를 지키고자 했던 코 르 니 유 영감의 이야기

11 나라를 구한 백성들

본문 48~49쪽

1문단 임진왜란이 일어나자 나라를 구하기 위해 자발적으로 조직한 의 병

2문단 가장 먼저 의병을 일으킨 홍의 장군 곽 재 우

3문단 승려들로 조직된 의병 부대인 승 병

4문단 행주 대첩에서 치마로 돌을 날라 전투를 도운 부 녀 자

✍주제 임 진 왜 란 때 나라를 지킨 백성들의 이야기

12 동물들이 집단을 이루는 이유

본문 52~53쪽

1문단 생존을 위해 집 단 을 이루며 살아가는 동물들

2문단 동물들의 집단 형성 이유 ①: 포 식 자 에게 붙잡힐 가능성을 줄이기 위함

3문단 동물들의 집단 형성 이유 ②: 다른 동물들을 보다 효과적으로 잡기 위함

4문단 동물들의 집단 형성 이유 ③: 혹독한 자 연 환 경 속에서 살아남기 위함

5문단 동물들의 집단 형성 이유 ④: 효율성을 높이기 위해 개체들이 각자의 역 할 을 나눔

✍주제 동물들이 집 단 생 활 을 하는 여러 가지 이유

실력 확인

13 욕심을 이용하면 사냥도 쉽다

본문 56~57쪽

- **①문단** 과거의 사냥 방법 소개
- **②문단** 아메리카 인디언 부족이 곰 을 사냥하는 방법
- **③문단** 북아프리카 원주민이 원 숭 이 를 사냥하는 방법
- **④문단** 곰과 원숭이의 사냥 이야기를 통해 얻을 수 있는 교 훈

✍**주제** 동물들의 특성을 이용한 사 냥 방법 및 이를 통해 얻는 교훈

14 임금님은 일식이 걱정이야

본문 60~61쪽

- **①문단** 일 식 현상에 대한 과학적 원리와 개념
- **②문단** 일식 현상에 대한 우리 선조들의 인식
- **③문단** 일식을 정확하게 예 측 하기 위하여 천체 연구에 많은 지원을 한 세 종
- **④문단** 우리나라에 꼭 맞는 달 력 을 완성하여 일식을 예측한 세종

✍**주제** 과거 우리 선조들의 일 식 에 대한 인식 및 세종의 업적

15 어린이 게임 중독, 문제야

본문 64~65쪽

- **①문단** 사회적으로 큰 관심을 받고 있는 어 린 이 게임 중독 문제
- **②문단** 어린이 게임 중독의 여러 가지 문 제 점
- **③문단** 어린이가 게임 중독을 예 방 하기 위해 할 수 있는 여러 가지 노력
- **④문단** 어린이 게임 중독 문제를 예방하기 위해 뒷받침되어야 할 모두의 노력

✍**주제** 어린이 게 임 중 독 이 지닌 문제와 예방을 위한 노력

16 잘 쓰자! 신조어

본문 68~69쪽

- ① 문단 │신│조│어│의 뜻과 특성
- ② 문단 신조어를 만드는 방법
- ③ 문단 신조어 사용의 │긍│정│적│인 면
- ④ 문단 신조어 사용의 │부│정│적│인 면
- ⑤ 문단 신조어를 사용할 때 지녀야 할 올바른 태도

- ✍ 주제 │신│조│어│의 기능 및 신조어를 사용하는 올바른 태도

17 빛의 세계

본문 72~73쪽

- ① 문단 │파│장│의 길이에 따라 구분되는 태양 광선
- ② 문단 │가│시│광│선│의 특징과 역할
- ③ 문단 │적│외│선│의 특징과 적외선이 활용되는 사례
- ④ 문단 │자│외│선│의 특징과 자외선이 활용되는 사례
- ⑤ 문단 엑스(X)선에 대한 설명과 아직 밝혀지지 않은 태양 광선에 대한 궁금증 유발

- ✍ 주제 │태│양│에서 나오는 여러 가지 빛들의 특징 및 실생활에서의 활용

18 밤하늘의 보석, 별자리

본문 76~77쪽

- ① 문단 │별│자│리│의 뜻과 기원
- ② 문단 │오│리│온│자리의 특징과 모습
- ③ 문단 오리온자리에 담긴 │그│리│스│신화 이야기
- ④ 문단 별자리에 담겨 있는 신비롭고 아름다운 이야기

- ✍ 주제 오리온자리를 볼 수 있는 방법 및 오리온자리에 담긴 그리스 신화 이야기

실력 확인

19 황금 씨앗을 지켜라

본문 80~81쪽

1문단 우리나라가 씨 앗 소유권에 대한 인식 부족으로 보게 된 손실

2문단 씨앗 소유권을 확보하기 위한 방법 ①: 씨앗의 중요성을 인식하고 씨앗 소 유 권 에 관심을 가져야 함

3문단 씨앗 소유권을 확보하기 위한 방법 ②: 씨앗을 체계적으로 연구하는 기관을 많이 만들어야 함

4문단 씨앗 소유권을 확보하기 위한 방법 ③: 재 래 종 씨앗을 지키고 관리해야 함

5문단 우리 씨앗에 관 심 을 갖고 씨앗 소유권 확보를 위해 노력해야 하는 이유

주제 씨 앗 소 유 권 확보의 중요성과 이를 위한 노력

20 왜 멸종했을까

본문 84~85쪽

1문단 여러 가지 이유로 지구에서 멸종된 동 물 들

2문단 지구에서 멸종된 동물 ①: 티타노보아뱀

3문단 지구에서 멸종된 동물 ②: 메 갈 로 돈

4문단 지구에서 멸종된 동물 ③: 도 도 새

5문단 지구에서 멸종된 동물 ④: 숀부르크사슴

6문단 멸종에 대한 글쓴이의 태도

주제 지구에서 멸 종 된 동물과 멸종 이유

완자·공부력·시리즈 매일 4쪽으로 스스로 공부하는 힘을 기릅니다.

대표전화 1544-0554
주소 서울특별시 구로구 디지털로33길 48 대륭포스트타워 7차 20층
협의 없는 무단 복제는 법으로 금지되어 있습니다.

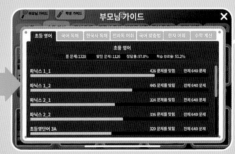

완자 공부력

추천 커리큘럼

		1-2학년 권장				3-4학년 권장				5-6학년 권장				예비 중등	
쓰기력 Up	맞춤법 바로 쓰기	1A	1B	2A	2B										
어휘력 Up	전과목 어휘	1A	1B	2A	2B	3A	3B	4A	4B	5A	5B	6A	6B		
	전과목 한자 어휘	1A	1B	2A	2B	3A	3B	4A	4B	5A	5B	6A	6B		
	영어 어휘	파닉스				영단어									
		1		2		3A	3B	4A	4B	5A	5B	6A	6B		
독해력 Up	국어 독해	1A	1B	2A	2B	3A	3B	4A	4B	5A	5B	6A	6B		
	한국사 독해														
계산력 Up	수학 계산	1A	1B	2A	2B	3A	3B	4A	4B	5A	5B	6A	6B	7A	7B

완자·공부력·시리즈 매일 4쪽으로 스스로 공부하는 힘을 기릅니다.

visang

비상교재 누리집에 방문해보세요

http://book.visang.com/

발간 이후에 발견되는 오류 비상교재 누리집 › 학습자료실 › 초등교재 › 정오표
본 교재의 정답 비상교재 누리집 › 학습자료실 › 초등교재 › 정답·해설

ISBN 979-11-6940-018-3

정가 10,000원
품질혁신코드 VS01QI23_4

항균필름 표지 적용도서
비상교육이 여러분의 건강을 위해 전문분석기관에서 인증받은
항균(99.9%) 필름을 본 교재 표지에 사용하였습니다.

KC마크는 이 제품이
공통안전기준에 적합
하였음을 의미합니다.

초등학교   반   번   이름

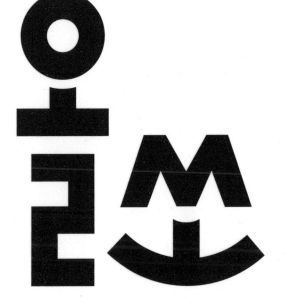

올바른 사회 개념은 옳소, **내신 & 수능 기본서 올쏘!**

고등 생활과 윤리

- **Book ① 개념편**

  내신과 수능 대비를 위해
  핵심 개념을 다지는
  개념편

- **Book ② 실전편**

  기출 분석을 바탕으로
  수능 출제 패턴을 학습하는
  실전편

- **특별 부록**

  실전 모의고사(2회)

올쏘 퀴즈
핵심 요점 노트
생활과 윤리 용어 사전
빠른 정답 확인

동아출판

고등 생활과 윤리

이 책을 쓰신 선생님들

서호성
메가스터디 대표 강사
강남, 부천 메가스터디 러셀
대치, 평촌 이강학원
목동 사과나무학원 사회탐구 대표 강사

조승연 장충고등학교
정상조 청량고등학교
강혜원 중동고등학교
한혜정 김포제일고등학교
윤미정 부천덕산중학교
정남철 등촌고등학교

이 책을 검토하신 선생님들

문성호 안산동산고등학교
문우일 세화여자고등학교

이 책의 기획에 참여한 학생들

최지혜 서울대학교 지리교육과
전우석 서울대학교 지리교육과
진시형 서울대학교 독어교육과
김태윤 신목고등학교
성수민 신목고등학교
김아림 신목고등학교
정준영 신목고등학교
김예은 청량고등학교
심초원 청량고등학교
서지애 청량고등학교
탁가현 청량고등학교
송혜원 청량고등학교
송재은 청량고등학교
김태린 신현고등학교
안현주 신현고등학교
이다중 신현고등학교
정윤지 홍익대부속여자고등학교
원지윤 홍익대부속여자고등학교
유대건 보인고등학교

김지후 서울대학교 사회교육과
김재민 서울대학교 사회교육과
이인아 덕성여자고등학교
이미림 덕성여자고등학교
조유림 한성여자고등학교
김수현 한성여자고등학교
채수혁 강서고등학교
김현우 강서고등학교
이찬우 여의도고등학교
김용완 여의도고등학교
이종희 월계고등학교
박지수 월계고등학교
이윤선 월계고등학교
조환원 홍익대부속고등학교
민경준 홍익대부속고등학교
최보미 진관고등학교
고찬영 진관고등학교
박광수 진관고등학교
이정호 보인고등학교

인쇄일	2018년 12월 07일
발행일	2018년 12월 17일
펴낸이	이욱상
펴낸데	동아출판㈜ 서울시 영등포구 은행로 30 (우 07242)
대표전화	1644-0600
신고번호	제300-1951-4호(1951. 9. 19.)
책임편집	박재형
편집팀장	김영지
책임디자인	김민숙, 김재혁
디자인팀장	목진성